伟 大 的 思 想
GREAT IDEAS

06

论人的自由
OF HUMAN FREEDOM

〔古罗马〕爱比克泰德 著

李小均 译

商务印书馆

OF HUMAN FREEDOM

by Epictetus

Selection copyright © Penguin Books Ltd

Cover artwork © David Pearson

Simplified Chinese edition copyright © 2023 by The Commercial Press in association with Penguin Random House North Asia. All rights reserved.

"企鹅"及相关标识是企鹅兰登已经注册或尚未注册的商标。未经允许,不得擅用。
封底凡无企鹅防伪标识者均属未经授权之非法版本。

涵芬楼文化　出品

译者序

《毕司沃斯先生的房子》（1961年）是2001年度诺贝尔文学奖得主V. S. 奈保尔的早期代表作之一。主人公毕司沃斯先生是第二次世界大战后英国小说中屈指可数的可以流传后世的喜剧人物。他是记者、梦想家，胆子大，爱生气。他有胃病，每天在外奔波，回到家后，就冲服一剂胃药，"脱了衣服，躺在床上读爱比克泰德"。

喜欢读爱比克泰德的，不只是毕司沃斯先生这样的凡人。哲人奥古斯丁、帕斯卡尔，政治家林肯、丘吉尔，文学家蒙田、贝内特……甚至历史上的君王也不例外。罗马皇帝马可·奥勒留早年就喜欢读爱比克泰德的作品，他们虽未谋面，但可以说爱比克泰德是对奥勒留的精神和思想影响最大的人，奥勒留的名著《沉思录》就是深受爱比克泰德的影响写成的。

爱比克泰德和塞涅卡、奥勒留并称罗马斯多葛派三大哲人。不同的是，一个是奴隶，一个是朝臣，一个是皇帝。

大约公元55年，爱比克泰德出生于古罗马东部弗里吉亚的一个奴隶家庭。五岁时，被卖到罗马爱帕夫罗迪德家为奴。爱帕夫罗迪德原本是尼禄皇帝的奴隶，成为自由人后做了尼禄的宠臣，权倾一时。爱比克泰德身体孱弱，有一条腿残疾，据说就是为奴时受了严厉惩罚的结果。爱比克泰德早岁就展示出哲学的慧根，在听了斯多葛派哲人鲁佛斯讲学后，他对斯多葛派哲学产生了浓厚的兴趣。所幸的是，爱帕夫罗迪德很器重他，给了他受教育的机会。

公元68年，爱比克泰德获得自由。他在罗马建立了自己的斯多葛学园，从事斯多葛派哲学的教学，影响日益强大。公元89年，罗马皇帝图密善害怕哲人的影响力对王位构成威胁，将所有的哲人都驱逐出境。爱比克泰德退居希腊西北海岸边的尼科波利斯，开办学园讲学。公元135年，爱比克泰德离世，享年大约八十岁。他自拟的墓志铭是："此处埋着爱比克泰德，一个奴隶，身体残疾，极端穷困，蒙受诸神的恩宠。"

斯多葛主义起源于公元前3世纪，创始人是芝诺。斯多葛派大致可以分为早期和晚期两派。早期的斯多葛派大多是叙利亚人，作品流传下来只有少数片段；晚期斯多葛派大多是罗马人，以塞涅卡、爱比克泰德和奥勒留为代表，作品完整地流传下来。爱比克泰德像苏格拉底一样述而未作，他的学生阿利安记录了他的许多谈话，整理为《爱比克泰德谈话录》，其思想得以传承。

斯多葛派的思想有一个嬗变的过程。大致说来，早期的斯多葛派唯物主义色彩浓厚，随着时间的推移，完全被唯心主义取代。不过，斯多葛派贯穿始终的焦点都是伦理学说。这种伦理学说也就完整地体现在晚期的斯多葛派著作里，尤其是《爱比克泰德谈话录》和《沉思录》。

值得注意的是，爱比克泰德和奥勒留两个人的许多哲学思想是完全一致的，差别主要在于使用的文体。"爱比克泰德以令人熟知的、简洁的方式，与其听者交流；而奥勒留以简短、缺乏连贯的语句写下自己对人生的思考。"简言之，爱比克泰德承袭的是苏格拉底的"对话"传统，奥勒留开创的是沉思性的"独白"写作。尽管有"对话"与"独白"的差异，但两者的文风是相同的，都很"简洁""简短"。正是这种文风，配上"鼓舞人心、充满常识"的哲思，才赢得了无论君王还是凡人的喜爱。

本书内容均选自《爱比克泰德谈话录》，一共十五篇，集中体现了爱比克泰德的思想精髓。爱比克泰德认为，在世上我们都是囚犯，被囚禁在现世的肉体之内，"我们注定是尘世间的凡胎和俗物，当然摆脱不了外物的束缚"。但是，我们身上有理性，只要是符合理性的事物，都是可以忍受的，但是，理性和非理性的标准因人而异，因此，教育最重要的目的，就是按照自然的面目认清什么是理性。理性能告诉我们什么是能力之内的事情，什么不是我们能力之内的事情。我们应该充分利用能力之内的东西，别的就任其自然；而自然的本性，就是神意。什么是我的，什么不是我的，什么我能做，什么我不能做，一个人需要每日这样反思练习，然后付诸行动。

爱比克泰德生而为奴，知道与逆境抗争的勇气。

他认为，一个人的本性，会在逆境中得到显现；充分利用逆境，所获将无人能及。至于境况之顺逆，不过是取决于我们的意志。"属于你的东西要不惜任何代价保护；属于别人的东西切勿贪恋强求。"信心、自尊和羞耻是属于你自己的，除了你自己，没有人能够把它们夺走，没有人能强迫你放弃；假如你真的放弃了这些品质，你立马就会关心不属于你的东西，而原本属于你的东西也会失去，也就会自甘为奴。

爱比克泰德认为，世人看起来什么都在学，都在练，却忘了学习如何保持自由，不受奴役。"自由的获得，不是靠满足欲望，而是靠消除欲望。"为了获得心灵的自由、真正的自由，需要夜以继日的努力，需要向哲人学习，与哲人为伍，"不仅是做好死亡的准备，还要做好被折磨、流放、鞭笞的准备，做好失去一切不属于你的东西的准备。否则，你会是一个奴隶中的奴隶；即使你是王公贵族，也还是奴隶"。

爱比克泰德主张平等的思想，即便是奴隶，也是同样的人，因为大家都是"神"的儿子，我们必须服从那个"神"："当你出现在世上的权威者的面前时，应该记得还有'另一个'从高处俯瞰着一切所发生的事情的神，你必须取悦于他而不要取悦于世上的权威者。"他也像基督徒一样，主张爱我们的敌人，认为每个人都是剧中的一个演员，神指定好了各个角色。想要生活平静安详的人，就要时刻牢记"引领我，宙斯；引领我，命运"，将一切交给命运和神灵。

　　罗素认为，爱比克泰德这些谈话录极为"真诚"，折射了他"高尚超俗"的道德情操，"在一个人的主要责任就是抵抗暴君权势的那样一种局面之下，我们恐怕很难再找到任何其他更有用的东西了。在某些方面，例如承认人人都是兄弟以及宣扬奴隶的平等这些方面，它要优于我们能在柏拉图或者亚里士多德或者任何城邦制所鼓舞的那些哲学家那儿找得到的任何思想"，正因为爱比克泰德的时代更恶劣，现实的罪恶更深重，才激发了他的伦理想象，用"理性、勇气、自由、平等、爱和神意"筑就了他的理想世界。

李小均

↠ 目 录

1 什么是能力之内的事，
什么不是能力之内的事 　　1
2 如何在任何情况下都保持本性 　　7
3 论满足 　　13
4 我们应当如何与逆境做斗争 　　19
5 再论如何与逆境做斗争 　　23
6 自信与谨慎并不矛盾 　　29
7 论焦虑 　　37
8 致固执己见者 　　43
9 如何把先入之见与日常实例结合 　　47
10 如何与表象做斗争 　　55
11 善人应该关注什么，应该追求什么目的 　　61
12 任何处境都代表一个机会 　　67

13 论人的自由 71
14 论与人交往 107
15 致想要生活平静安详的人 111

➤ 1 什么是能力之内的事，什么不是能力之内的事

［1］一般说来，找不到一种技艺或能力，能够对自己进行分析，因此，也找不到一种技艺或能力，能够对自己表示认同或反对。［2］我们的语法能力只限于分析语言，我们的音乐能力只限于分析音律，［3］它们都不具备自我分析的能力。你给友人写信，语法能力会帮你选择用词，但它无法告诉你这时该不该给友人写信。同样，音乐能力会帮你选择音律，但它无法告诉你这时该不该唱歌弹琴。

［4］那么，什么能力能够告诉你呢？只有那种既可以分析其他能力又可以分析自我的能力，也就是理性。在赋予我们的能力中，理性这种能力是独特的，它不但能判断其他能力，还能评判自己：

自己到底是什么？自己有什么能力？自己有多大价值？

［5］一笔钱好不好，是什么告诉你的呢？钱本身不会；必须得靠那种正确运用表象的能力，也就是理性。［6］理性除了评判自己的能力，还有评判音乐、语法和其他技艺的能力，判断它们的作用，决定何时应该运用它们。

［7］因此，神把正确运用表象的能力作为最好、最有用的礼物赐予我们，这再合适不过。除此之外，没有别的能力赐给我们。［8］难道是因为神不愿意？我认为，如果能这么做，神是愿意把其他能力也赐予我们的。神是不能这么做的。［9］你们知道，我们注定是尘世间的凡胎和俗物，当然摆脱不了外物的束缚。

［10］宙斯是怎么说的呢？他说："爱比克泰德，如果可能，我会让你这一具小小的躯体和它包含的能力无拘无束。［11］但你不要忘了：躯体不属于你，它只不过是一块泥巴，巧妙地捏成了形状。［12］既然我不能把我的躯体赐予你，我就只有把我的一部分能力赐予你。它是一种产生积极或消极行动的能力，产生渴望或厌倦的能力，即正确运用表

象的能力。如果你注意和认同这种能力,你再也不会遇到任何阻碍或挫折,你再也不会责备或奉承他人。[13]你难道还不满足?"

"以神的名义,我当然满足。"

[14]然而,我们本来只需关心一件事,可是我们偏偏要去关心许多别的事:我们的身体、财产、家人、朋友和奴仆。[15]我们把自己束缚到这么多的东西上,自然受到牵累和困扰。[16]如果天气恶劣,不能上路,我们就会坐立不安,不断地问:"刮什么风呀?""北风。""太糟了。什么时候刮西风呀?""风神埃奥洛斯该刮西风的时候,想刮西风的时候,自然会刮西风。宙斯要埃奥洛斯当风神,又不是要你当风神。"[17]那么,我们该怎么办呢?只有充分利用能力之内的东西,别的就任其自然。自然本性是什么?是神意。

[18]"现在,必须砍我一个人的头吗?"当然,难道只因为痛苦喜欢结伴,你就想大家都砍头?[19]为什么不像罗马人拉特拉鲁斯一样,尼禄要砍他头,他就把脖子伸出去?他是心甘情愿,但是铡刀的力度不够,他的脖子缩了一下,但他马上又把脖子伸出去。[20]在这之前,因为尼禄开恩,爱帕

夫罗迪德成了自由民。一天，他去见某一个人，想搞明白自己到底犯了什么错，那人回答说："如果我想要你任何东西，我会跟你主人说。"

[21] 在这种情况下，我们应该做好什么准备呢？我们应该知道，什么是我的，什么不是我的，我能做什么，我不能做什么。[22] 我必须死，难道我就要大喊大叫？我必须戴上镣铐，难道我就要痛哭流涕？我必须流放，什么东西又能阻止我微笑自若？

"快告诉我秘诀。"

[23] "我不告诉你；告不告诉你，是由我决定。"

"我会把你捆起来。"

"你什么意思，朋友？你只能捆我的手脚，但我的意志，哪怕神也不能捆起来。"

[24] "我会把你关进监狱。"

"你是说把我的身体关进监狱吧。"

"我会砍你头。"

"哦，我什么时候告诉过你，偏偏我的脖子就不能砍掉呢？"

[25] 如果你想做哲人，你需要反复这样练习；你需要每天记下思考，然后付诸行动。

[26]特拉塞亚常说:"我宁愿今天被处死,也不愿明天被流放。"[27]穆索尼乌斯是怎么对他说的?"如果你认为,比起流放,死亡更加不幸,你就选择死亡,那有什么意义?如果你认为,比起流放,死亡更加幸运,你就选择死亡,那请记住谁给了你选择。为什么不尝试与你的命运和解呢?"

[28]阿格里皮乌斯经常说:"我是不会违背我自己的。"为了考验他,有人对他说:"元老院在审判你的罪行,[29]祝你好运。"那时是上午十一点,他习惯在那时活动,然后洗澡。他就对来人说:"我们去活动吧。"[30]活动完了,正好消息传来,判决出来了。"流放,还是死刑?"他问。"流放。""我的财产呢?""还在。""那好,走,到我阿利基亚的庄园吃饭。"[31]这就表明了我们可能做出的反应,只要我们平时勤加练习,注意应对必然发生的事情,不要让任何挫折或逆境妨碍我们的欲望,左右我们的喜恶。[32]"我必须死的话,如果是现在,我现在死好了;如果过一会儿才死,我现在就去吃饭,因为吃饭的时间到了,死亡的事情,过一会儿再说。"至于怎么死?就像是一个人,知道必须把属于别人的东西还回去。

➼ 2 如何在任何情况下都保持本性

［1］人是理性的动物，除了在他看来非理性的东西之外，他能够忍受一切；无论什么东西，只要符合理性，都是可以忍受的。［2］按本质说来，身体受苦并非不可忍受。比如，斯巴达人乐意承受鞭打，因为他们得到教导，这是为了他们好，所以鞭打是可以忍受的。［3］但要是上吊呢？难道也是可以忍受的吗？没错，如果一个人觉得上吊是理性的行为，那么他会去上吊。

［4］总之，只要你留意观察一下，你会发现，人们抗拒的，不外乎是他们认为非理性的东西，而吸引他们的，不外乎是他们认为理性的东西。

［5］但是，理性和非理性的标准因人而异，正

如我们认为不同的东西有好有坏,有利有弊。[6]正因为如此,教育最重要的目标,是首先要我们按照自然面目认清,什么是理性的,什么是非理性的。

[7]这不仅关涉外物价值的衡量,也意味着考虑什么符合我们的本性。[8]对于有的人来说,给人端夜壶是合理的,因为他唯一考虑的是,要是他不端,就会遭打骂、没饭吃,他知道只有端,才会免受痛苦和折磨。[9]对于另一个人,他不仅认为自己去端难以忍受,还会认为别人去端也难以忍受。[10]因此,你要是问我:"我该不该去端夜壶?"我会告诉你,有一口饭吃,总比饿死好。你要是用这样的标准来衡量你的利益,你就去端好了。[11]如果你说,"可我觉得丢人",那好,这是你额外的考虑,不是我额外的考虑,因为只有你了解自己,也就是说,你了解自己的估值,了解自己的卖价,而每个人的价钱是不同的。

[12]比如,阿格里皮乌斯看见弗劳鲁斯与人讨论该不该去参加尼禄的节庆,甚至还可能上场表演,他就对弗劳鲁斯说"你去吧"。[13]弗劳鲁斯反问他怎么不去。阿格里皮乌斯回答说:"我根本就没有想过。"[14]你看,一个人要是考虑外物的价值,

必然会损害自身的价值。

［15］因此，你要是问我，活着好，还是死了好，我的回答是"活着好"。［16］你要是问我，愿意要痛苦，还是要快乐，我当然会说："要快乐。"

"可要是我不参加，尼禄会杀了我。"

［17］"你就去吧。反正我是不去的。"

"你为什么不去？"

因为你认为自己不过是一件长袍上的一根线，要跟其他人一样，正如一根白线看起来并不想与其他的线相冲突。［18］但我想做的是一条紫带，也就是这件长袍上最亮丽的镶边。无论它占的地方多小，它都可以使整件长袍显得雍容华贵。因此，不要跟我说，"要与其他的一样"，否则，我就做不成一条紫带。

［19］赫尔维狄乌斯·普利斯库斯是这样想，也是这样做的。韦斯巴芗派人传令，阻止他进入元老院。他回答说："你有权剥夺我的元老资格。但只要我在职一天，我就一定要去元老院。"［20］"你去吧，但不要说话。""不问到我要不要投票，我就不说话。""可你投什么票，我必须问你呀。""那我就要说话。"［21］"你要是说话，我就杀了你。""我什

么时候说过我不会死？你做你分内的事，我做我分内的事。你杀我是你的事，我眼都不眨，去死是我的事；你流放我是你的事，我一声不吭就去流放是我的事。"

［22］也许你会问，普利斯库斯能起什么作用，他不过是一个人？那我问你，长袍上那一条紫带有什么用？它艳丽的色彩难道没有为其他线条树立好的榜样？［23］要是换一个人，遇到同样的处境，韦斯巴芗阻止他进元老院，他可能会说："谢主隆恩，饶我一命。"［24］要真是这样的人，韦斯巴芗恐怕根本不会动心思阻止，他知道这样的人即便去了，一定也像木头人，要是开口说话，也只会遵照他的意图，甚至添油加醋。

［25］有一个运动员受了伤，不把生殖器割掉的话，就会丧命。他只好做选择。他的哥哥是哲人，就去和他商量："弟弟，怎么办呢？你割还是不割？割了，你还可以重新运动。"但是，这个运动员不想蒙羞，他下决心不割，死也不割。［26］有人问："他是怎么做到视死如归的？他选择死亡，是出于运动员的荣誉还是哲学的考虑？""是出于作为一个人的考虑，"爱比克泰德回答说，"作为一个人，一个

参加过奥林匹克运动竞赛、熟悉赛场、在赛场不止一次获胜的人，而不仅仅是偶尔到本地运动场去一次的人。[27]要是换一个人，哪怕没有了脑袋，只要能换回一命，他也会心甘情愿把头砍掉。"[28]这就是我说的要考虑一个人的本性。这表明，只要人的审慎考虑中经常有其一席之地，一个人的本性会是多么重要的因素。

[29]"来，爱比克泰德，把你的胡子刮掉。"

如果我是哲人，我就会说不刮。

"你不刮就砍你头。"

要是砍头对你有好处，你就砍吧。

[30]有人问，"可我们怎么知道什么符合我们的本性呢？"

爱比克泰德反问，你看，一头狮子袭击一群牛时，一头公牛为什么会意识到自己的力量，冲出来保护牛群呢？很明显，拥有一种特定的天赋，拥有者下意识就会感觉到；[31]因此，如果你们中任何人拥有天赋，他将是第一个知道的人。[32]不过，话说回来，一头公牛不是一下子就成年的，一个人也不会在一夜间就变成英雄。我们必须经受冬日的锻炼。另外，如果还没有做好准备，就不要强行出头。

［33］你需要考虑一下，要多少价钱你才肯出卖自己；看在神的分上，千万不要贱卖。伟大的行为，崇高的牺牲，也许只属于其他人，只属于苏格拉底那样的人。［34］"倘若我们大家都天生具有成就伟大的潜力，为什么只有一部分人成就伟大呢？"你们可能会问，难道所有的马都变成千里马？难道所有的狗都变成善跑的灵猩？［35］可是，我再反问你，即便我没有天赋，就该放弃努力吗？［36］当然不是。诚然，我比不上苏格拉底。可是，只要我尽力，我就满足了。［37］我的意思是说，尽管我做不到像米洛一样强壮，但我绝不会因此忽视锻炼身体；尽管我做不到像克罗乌斯一样富有，但我绝不会忽视积累财富。总之，我们不能因为在某方面做不到最好就绝望，就放弃努力。

3 论满足

[1]关于神的话题，有些人径直否认神的存在。有一些人说，神存在，但他无所事事，冷漠无情，对一切都不关心。[2]有一些人说，神存在，他操心事务，但他只是操心天上，不操心人间。也有一些人说，神存在，既操心天上，也操心人间，包括人间的战争，但他只操心人类整体，不操心个体。[3]最后还有一些人，如奥德修斯和苏格拉底，他们说："我的一举一动，都逃不过神的眼睛。"

[4]因此，我们首先有必要逐一审视这些说法，看谁对谁错。[5]因为如果神不存在，那么，"听从神意"这句命令有什么意义？如果神存在，但他不操心任何事，"听从神意"怎么可能是明智的追求？

[6]即便认为神存在,也操心,如果他只操心天上,不操心人间,更不操心我这个体,"听从神意",仍然不值得追求。

[7]凡是智者,充分思考过这个问题后,都会决定将自己的意志交给统治宇宙的神主宰,就好像好的公民要服从城邦的法律。

[8]一个人在接受教育的时候,心里应该有这样一个目标:"我如何才能在任何事情上都听从神的意志?我如何才能适应神的统治?我如何才能获得自由?"[9]你知道,所谓自由,就是任何事情都按我们的意志发生,从不与之相违背。

[10]这样说来,莫非自由就等于疯狂?当然不是。疯狂和自由是完全不同的事。[11]你也许会说:"我只想实现愿望,不介意愿望背后是不是有理性。"[12]若真是这样,你一定疯了,神志不清。自由是好东西,有价值;要是你武断地希望在你武断地看来是最好的那些事情都发生,这非但不好,还很丢人。

你想一想,我们是如何学习书写的?[13]我能把"狄翁"这个名字想怎么写就怎么写吗?当然不行,它本来该怎么写,学会了就照着怎样写。学习音乐也是一样，[14]每门艺术和科学都是一样的道理。否则，大家为所欲为，何必费心学习。[15]自由，作为最伟大的财富，切莫指望在这方面的学习会有不同，切莫指望可以随心所欲。所谓受教育，就是学会让我们的意志与事物发生的方式一致，也就是说，接受宇宙统治者神的安排。[16]神安排了要有夏天和冬天、丰足和匮乏、美德和邪恶，所有这些都相互对立，这样整个宇宙就和谐统一起来了。对于每一个人，神也赐予了我们身体、器官、财富、家人和朋友。

[17]记住这种安排，我们就应该去接受教育。当然，接受教育的目的，不是为了改变事实，我们没有资格这样做，也不应该这样做，而是为了知道我们关心之物的本质，保持我们的意志与事物的本性一致。[18]你也许会问，我们可以远离人群吗？这可能吗？与他们打交道的话，我们能够改变他们吗？谁给了我们这种力量？[19]还有什么别的方法，也就是还可以找到什么方法可以与他们打交道？我们的办法就是，确保我们不违本性，无论别人认为该怎么做。[20]毕竟，别人的做法不是你的做法。千万不要总是抱怨和抗议你的处境：独处时，

你觉得这是孤独；与人交往时，你又觉得别人全是骗子，在背后捅刀子；即使是你的父母、子女、兄弟姐妹和邻居，你也会暗中诅咒。[21] 这样做都是不对的。独处时，你应该称之为平静自由，觉得自己与神同列；与人交往时，你不应该说自己身处群氓，而是应该认为在出席宴会或节庆，抱着这样心情学会享受。

可是，对于拒绝接受这一切的人，有什么副作用呢？那就是不长进，永远是现在这个样子。[22] 他独处时不开心？那就任由他独处，闷闷不乐。他与父母在一起不高兴？那就任他做逆子，牢骚满腹。他对子女不满意？那就让他做一个不好的父亲吧。[23] "把他关进监狱去。"什么监狱？他现在这个样子就是在蹲监狱，因为他现在这个样子完全违背了他的意志；一个违背自己意志的人，就是在蹲监狱。相反，苏格拉底不是在蹲监狱，因为他是自愿进去的。

[24] "为什么偏偏是我的腿残了？"

傻瓜，难道一条腿残了，你就指责整个世界？你为什么不能将它当成世界赠予你的礼物，高兴地将它回馈给最初给你的神？[25] 难道你要与宙斯为敌，与命运女神翻脸？难道你不知道，在你出生时，宙斯和命运女神纺织好了你的命运之线，已经为你的命运做了安排？

［26］你应该知道，与整个世界相比，你只不过占据很小的空间。我指的是你的身体；但在理性上，你不亚于任何人，甚至不亚于任何神，因为衡量理性的尺度，不是体形大小，而是理解能力。［27］因此，你为什么不把关注的焦点放在足以与神等同的理性上面？

［28］"可是，瞧瞧我家里可怕的父母，我真不幸！"

你说什么话，你又不能提前选择父母，说"让这一对男人和女人在此时此刻结合，生下我"。［29］当然，先要有父母，然后才有你。什么样的人把你生下来，什么样的人就是你父母。

［30］这是不是意味着，你必然不幸呢？我们假设你有看得见的能力，只是不懂有什么用。如果你面前正好有一幅美丽的画，你决定闭目不见，这的确是不幸。如果你有足够的耐心，应对你遇到的困境，要是你对这种能力和事实视而不见，你就更加不幸了。［31］你忘记了你蕴藏的德行，你遇到困难

时，原本可以利用德行，帮助你克服困难。

［32］你应该感谢神，让你只负责能力之内的事情，而对于不在能力之内的事情，让你足够强大，转危为安。［33］神已经解除了你对父母、兄弟、姐妹、身体、财物、生死的责任。［34］神只让你负责你能力之内的事情，即正确运用表象。［35］因此，不在能力之内的事情，为什么偏偏要扛在身上？你这是自寻烦恼。

4 我们应当如何与逆境做斗争

［1］一个人的本性,在逆境中才能显现。因此,面对逆境时,想象自己是一个摔跤手,神这位教练,为你安排了一个强劲的年轻对手当陪练。你也许会问:［2］"这是为什么呀?"当然是想把你训练成奥林匹克竞技场上的选手。达到这个目标,是要流一些汗水的。照我看,如果你做好准备,利用你的逆境,就像一个摔跤手利用正值巅峰状态的强劲对手当陪练一样,你获得的逆境考验就无人能及。

［3］我们派你去罗马打探敌情。我们不想要一个胆小鬼,听到一点风声,看到一点影子,就慌里慌张地跑回来,叫嚷着说敌人就守在城门口。［4］如果你回来告诉我们,"罗马的事态很恐怖,到处是死

亡、流放、贫穷和告密，遍地是瓦砾。快跑吧，敌人要打来了！"［5］我们只能对你说，滚，你这个乌鸦嘴。我们唯一的错误，就是派了你这样一个探子。

［6］此前，我们派了第欧根尼去侦察，他带回来的情报与你完全不同。他说，死亡不是邪恶，死亡并不可耻；名声不过是傻子空洞的呓语。［7］他还说了其他一些话，帮助我们打消对于痛苦和贫穷的恐惧。他说，生活中，他宁愿一丝不挂，也不愿穿紫色长袍；宁愿睡地上，也不愿睡舒适的床。［8］为了证明自己所言，他展示了容光焕发、健硕硬朗的身体，还展示了超凡的自信、平静的心态和自由的心灵。

［9］"周围没有敌人，"他说，"一切太平。"

"何出此言，第欧根尼？"

"你看，我受伤了吗？残废了吗？是从敌营逃回来的吗？"

［10］这才是我们真正需要的探子。可你却给我们带回一通废话。快去，再探，这次不要胆怯。

［11］"那我该怎么办？"

你下船时该怎么办？难道会带上舵和桨？不会吧；你只会随身带着衣物、油壶和钱袋。只要记住什么是你自己的，就不会拿走别人的东西。

[12]"要是罗马皇帝对你说，脱掉身上紫色宽边的长袍。"

"好，我就穿紫色窄边的长袍。"

"窄边的长袍也脱掉。"

"好，我就穿普通的白袍。"

"白袍也脱掉。"

"好，我就什么都不穿。"

[13]"你这么淡定，我很生气。"

"那你把我身子拿去吧。"

我随时准备把我可怜的身子送给他，我还有何理由怕他？

[14]"可某某不让我做继承人。"是吗？难道你忘记了这些东西本来就不是你的吗？在什么意义上我们才说是"我的"呢？正如去住店，我们说这张床是我的。如果店主死了，把床留给了你，你说这是你的，当然没有错；要是他把床留给别人，床就是别人的，你就得另找。[15]如果找不到，就只有睡地上。哪怕睡地上，也要好好睡，放心打鼾；要记住，只有帝王将相、达官贵人才会有悲剧。除了进合唱队，悲剧中没有穷人一席之地。[16]戏一开

场，国王的生活都很美好："用花环点缀宫殿。"但是到了第三或第四幕，我们看到，"西塔埃隆啊，你为什么收留了我？"[17]可怜的愚人，你的王冠哪里去了？你的权杖哪里去了？现在连侍卫也不来帮你。

[18]因此，记住，你站在一个僭主面前时，你遇到的是一个悲剧人物，不是悲剧里的演员，而是俄狄浦斯一样的人。

[19]"可他多幸福啊，带着随从可以到处走。"

是啊，我混在人群中，照样有人跟我走。[20]切记，门要开着。不要比小孩子还懦弱。小孩子随时都会说，"我不玩了"。如果你厌倦了人生，下决心结束，你也可以说，"我不玩了"。假如你要继续这场游戏，就别抱怨。

5 再论如何与逆境做斗争

［1］如果上文所说没错，我们相信，对我们好的或坏的东西，不过取决于我们的意志，我们对别的一切都不关心；如果这种相信并不让人觉得可笑，或者并不只是假装，那么，我们为什么还会继续感到害怕和焦虑呢？［2］我们的原则谁也无法干预，别人的东西我们也不关心。那你还有什么问题呢？

［3］"我需要你具体指引，行动如何与原则一致？"

你还需要什么指引，宙斯不是指引你了吗？他赐予了你真正属于你的东西，让你无拘无束；不属于你的东西，他坚决不给。［4］他把你送到世上，是怎么指引你的？"属于你的东西要不惜任何代价保护；属于别人的东西切勿贪恋强求。"信任是你自己的，自尊是你自己的，羞耻是你自己的。除了你自己，没有人能够把它们夺走，没有人能强迫你放弃。你要是真的放弃了这些品质，你立马就会关心不属于你的东西，而原本属于你的东西也会失去。

［5］既然你从宙斯那里得到了指引，你还想让我给你什么指引？我难道比宙斯更伟大、更值得信任？［6］你记住他的指引就好，不需要别的。假如你不相信，他把指引都给了你，你就看看自己天生的认知，看看哲人的论证，看看你经常听到和说的话，看看你读过的东西，你做过的事，这些都是证据。

［7］那么，在结束这场人生的游戏前，宙斯的指引我们该听多久呢？［8］只要这场游戏玩得高兴，你就继续听下去。在农神节的欢宴上，按照传统，"国王"通过抽签随机选出。然后，"国王"下旨："干杯！你去那里调酒！你来为我们献歌！你来参加派对！你去那边儿捉迷藏！"我们一起陪他玩，不会破坏规则。［9］如果"国王"说，"你想象一下自己不快活"，我会拒绝，心想，谁能强迫我这样做？［10］同样，如果我们一致同意上演阿喀琉斯与阿伽

门农争吵的一幕,扮演阿伽门农的人对我说,"去阿喀琉斯那里,把布利塞斯抢过来",[11]我会马上出发。当他下令"回来",我会立刻回来。

我们处理假设的方式,也可以作为我们日常生活行为的范例。

"假设现在是黑夜。"

"好的。"

"那现在是白天吗?"

"不是,因为我已接受这是黑夜的假设。"

[12]"我们假设,像在游戏或演戏中一样,你假装认为这是黑夜。"

"好的。"

"现在你认为确实是黑夜。"

[13]"这个结论不能从假设中推导。"

同样的道理也适用于生活。

"我们假设你生不逢时。"

"好的。"

"那你很不幸。"

"是的。"

"要受苦。"

"是的。"

"现在，你相信你真的遭逢不幸。"

"这个结论不能从假设中推导。而且有人不允许我这样想。"

［14］这样的游戏规则，我们应该服从多久？只要我发现有好处，我就服从。［15］但是，有些性格严肃、不会变通的人说："我不跟这个家伙同桌吃饭，我受不了他反复唠叨打仗的事：'朋友，我刚才说到怎么爬上山头；现在我要讲讲如何开始遭到新的围攻……'"［16］遇到同样情况，另一个人可能会说："重要的是吃饭；他爱讲多久就讲多久。"［17］要做什么事，孰先孰后，是由你自己决定；可一旦做了决定，做的时候就不要有怨言，像有人强迫你一样。不要认为自己的处境就坏到家了，没有人强迫你这个样子。［18］屋里有烟吗？如果烟不大，我就待着。如果烟太大，我就出去。切记，门是开着的。

［19］他们对我说："不要留在尼科波利斯。"

我就离开尼科波利斯。

"不要留在雅典。"

我就离开雅典。

"不要留在罗马。"

我就离开罗马。

[20]"到吉亚罗去住。"

好吧,我就去吉亚罗。可是,住在吉亚罗,好比屋里的烟太大,我无法忍受。于是我去了一个没有人能拦我的地方,那个地方对每个人都敞开。[21]当我脱掉我最后一件衣服、我的皮囊,就再没有人能抓住我了。[22]这就是为什么德米特里可以大起胆子对尼禄说:"你用死亡来威胁我,可是自然也一样用死亡威胁你。"

[23]如果我爱惜自己的皮囊,我就自甘为奴。如果我爱惜自己的财富,我就自甘为奴。[24]因为别人一眼就看出我的缺点,找出法门将我俘虏。就像看到一条蛇缩回头,我就会想:"打蛇头,打它拼命保护的地方。"同样,你大可放心,敌人看见你拼命保护什么,它自然会成为攻击的要点。[25]记住这点,你就不需要害怕谁、巴结谁。

[26]"可是我想坐在元老院的位子上。"

那里人挤人,你难道不怕踩着脚?

[27]"要不怎么才能把舞台看明白?"

如果不想挤,就不要去剧院看戏。你何必自找麻烦?或者,等演出结束后,你就可以悠闲地坐在元老席位上,晒晒太阳。[28]总之,切记,受罪的是我们自己，自找麻烦的是我们自己，也就是说，是我们自己的想法害了自己。比如，受辱是什么意思？[29]站在一块石头旁，你侮辱它，起什么作用？如果有人像一块石头一样面对侮辱，谩骂又有何用？但是，如果找到了受辱者可以利用的弱点，谩骂就一定会有效，值得一试。

[30]"剥光他。"你这是什么意思？你应该说，揪住他，把他的衣服剥光。"我在羞辱你。""但愿对你有好处。"[31]这是苏格拉底的做法，总是不温不火，镇定自若。而我们呢，看起来什么都在学，什么都在练，却忘了学习如何保持自由，不受奴役。

[32]"哲人说话都是自相矛盾。"

那其他人呢，又有什么不同？一个盲人，在他的眼睛里开几刀，他就重新看见了，还有比这更自相矛盾的东西吗？如果一个眼科医生向不懂医的盲人推荐这种疗法，定会遭到当面嘲笑。[33]因此，如果许多哲学真理，给大众留下自相矛盾的印象，就一点也不奇怪。

⤻ 6 自信与谨慎并不矛盾

[1]或许,有些人认为,我们哲人说的东西会显得自相矛盾。既然如此,我们就来考察一下,在我们的日常生活中,我们能够自信而谨慎地行事,这是不是真的。[2]这看起来自相矛盾,因为自信与谨慎明显自相矛盾。人们通常认为,自相矛盾的东西不能共存。在我看来,大多数人认为这自相矛盾,是基于如下理由:[3]如果谈到在做同样的事情时,既要自信,又要谨慎,别人就有理由指责,我们是想调和自相矛盾的东西。但是,我们的观点并不自相矛盾。

[4]我们经常说,而且也已证明,我们对于表象的运用,就代表了善恶的本质,而善恶必须只与

意志有关。既然如此，[5]那么，哲人的忠告，"对于不在意志控制之内的一切要自信，对于在意志控制之内的一切要谨慎"，并非不切实际。[6]因为，如果恶是意志控制之内的事情，就需要谨慎而行；如果超出了意志、不在我们控制之内的东西，我们既看不到也摸不着，我们大可自信去做。[7]因此，你看，这就是我们如何可能同时保持谨慎和自信，而且还会因谨慎而自信。只要谨慎而行，防范作恶，我们在做其他一切本质上并非恶行的事情时就会充满自信。

[8]但是，正好相反，我们现在行事就跟小鹿一样。小鹿看到猎人手中的羽毛就会惊恐万状，为了逃生，结果掉进猎人的陷阱。它们混淆了避难和毁灭，白白冤死。[9]同样，我们对于不在意志控制之内的事情感到害怕；对于意志控制之内的事情，我们做起来就有自信，甚至随随便便，好像无足轻重。[10]对于不在意志控制之内的事情，只要能够获得成功，我们觉得，哪怕上当受骗、鲁莽轻率、行为可耻、欲望横流，都没有什么大不了。面对死亡、流放、痛苦和污名，我们无不心惊胆战、脚底抹油。

[11]难怪,只要我们把合乎自然的自信扭曲成了胆大妄为、粗心大意、厚颜无耻,在至关重要的事情上就一定会犯错。另一方面,由于惊恐不安,我们把合乎自然的谨慎和矜持让位给了温顺和怯懦。[12]如果将谨慎托付给意志,由意志来监管,那么我们的一时兴起,总会受到牵制。倘若我们的欲望指向的是身外之物,是我们不必负责的东西,是摆脱他人控制的东西,我们必将面对恐惧、不安和迷茫。[13]死亡和痛苦不可怕;我们需要怕的,是对痛苦和死亡的怕。因此,我们赞美一个诗人写的这句话:"死亡不可怕,怕的是死得像懦夫。"

[14]因此,面对死亡,我们要有信心;我们需要提防的是怕死。可是,我们实际的做法正好相反。面对死亡,我们选择了逃避,而对于到底怎么看待死亡,我们毫不在意,漠不关心,懒得思考。[15]苏格拉底经常把对死亡的恐惧称为"恶魔面具",这很贴切;正如面具吓到了小孩子,因为他们没有经验;我们对各种事物的恐惧,也是同样的原因。

[16]小孩子是什么?就是无知,没有经验。但是,假如小孩子掌握了知识,就完全与成人一样。[17]死亡是什么?不过是吓人的面具。脱掉它,你

看，它不会吃人。我们的躯体和灵魂最终必然会分离，正如它们在我们出生之前就独立存在。既然如此，如果它们现在就分离，何必忧虑？即使不是现在分离，迟早也会。[18]假如碰巧现在就分离，那是为了什么呢？为了完成这个世界的循环；因为这个世界需要现在生成的东西，需要将要生成的东西，当然也需要完成的东西。

[19]痛苦也是吓人的面具：你把它揭开，就可看见后面的东西。躯体有时会受苦，但慰藉不会落后太晚。假如你忍不住，门是开着的；否则就忍着。[20]无论什么情况，门都需要开着，我们的问题就会自然消失。[21]弄清这些，会有最好、最美的结果，一个真正受过教育的人应该会有的那种最好、最美的结果：没有烦恼，没有恐惧，自由自在。[22]许多人说，只有生来自由的人，才有权接受教育。这种说法是错误的。我们要相信哲人的话，只有受过教育的人，才算自由的人。[23]我会解释这是什么意思。所谓自由，难道不就是指按照愿望生活的能力吗？

"是的。"

告诉我，你们想要一辈子作恶吗？

"不想。"

也就是说，作恶的人没有自由。[24]那你们希望生活在恐惧、痛苦和焦虑中吗？

"当然不。"

也就是说，一个人要是一直提心吊胆，也不可能自由。反之，谁摆脱了恐惧、痛苦和焦虑，谁就获得了自由。[25]既然如此，当我们亲爱的立法者们说，只有生来自由的人，才有权接受教育，而当哲人说，只有受过教育的人，才算自由的人，这时我们怎么还能相信我们亲爱的立法者？你们看，神都不会允许。

[26]"那么，请问，如果一个主人，他为一个奴隶办了一场释放的仪式，难道就是白做吗？"

当然不是，毕竟这个主人办了仪式，更何况，他还为此交了二十一税。

[27]"可他的奴隶呢——在此程中不算获得自由了吗？"

不，没有，他既没有获得身体自由，也没有获得心灵的平静。我的意思是，就以你为例：你有奴隶，有能力放了他们。[28]但我想，你自己在侍奉什么主人？金钱？女人？娈童？皇帝？还是朝臣？

肯定是其中之一,否则你何必苦恼。

[29] 正是如此,我才经常对你们说,需要时刻思考,时刻琢磨:你应该自信处理的是哪些东西?你应该谨慎对待的是哪些东西?你们应该知道,对于那些不在意志控制之内的东西,你们要有信心去做,但对于意志控制之内的东西,必须谨慎对待。

[30] 但你说:"难道我没有给你念我的文章?难道你没有注意我的表演?"

[31] 没错,我注意到你聪明的措辞,你可以用。不过,给我展示一下,要得到你想要的东西,要躲开你不想要的东西,你怎么表达自己的欲望和反感。至于你的那些文章,如果你懂事,就去烧了吧。

[32] "什么?难道苏格拉底没有写过东西?他不也写了许多吗?"当然写了,可你知道他为什么写吗?因为苏格拉底不可能随时找到一个人,审查对方观点,反过来也接受对方盘问,所以有时候他就以写作的方式,进行自我省察,反正,无论谁的观点,都要细察一番。[33] 这是真正的哲人的写作。在对话的写作形式中,他总是把漂亮的言辞留给他人来说,那些人喜欢华丽,喜欢空洞,喜欢狡辩,没有耐心进行说理,因为他们太蠢了。

［34］现在，如果有机会，我知道你会当众读自己的文章，炫耀自己写的对话多么流畅。［35］不要那样，朋友。我会宁愿听到你说："看，我想要的东西，我都要到了；我不想要的东西，我都躲开了。这一点，无论是面对死亡、痛苦、囚禁、惩罚或耻辱，我都可向你证明。"这才是一个适合教育的年轻人的真正考验。［36］忘记其他东西，不要让人听到你在公开宣讲，即便有人赞扬你，你也要低调，满足于让人看起来什么都不是，什么都不知。

［37］但是，你要向人展示，你知道如何成功地得到你想要的东西，或者成功地避免你不想要的东西。［38］至于上法庭辩护、解逻辑谜题或做三段论，就让别人去干吧。你的任务是带着信心为死亡、囚禁、折磨、流放［39］诸如此类的坏事做准备，因为你对召唤你去面对它们的那个神有信仰，神断定你可以胜任这个位置。只要你在这个位置，你就要展示出理性和精神的力量，战胜与意志没有关联的那些力量。［40］这样，我们同时应该保持自信和谨慎，对不在意志控制之内的事情要自信，对在意志控制之内的东西要谨慎，这种悖论就不再会看起来自相矛盾甚至荒诞不经了。

7 论焦虑

[1]每当我看见一个人饱受焦虑之苦,我就会想,天啊,他到底想要什么?如果他不把目光放在自己能力控制之外的东西上,他的焦虑就会立刻烟消云散。[2]就以弹奏竖琴的人为例。假如自弹自唱,他会轻松自如;可一旦面对观众,就是另一回事,无论他的声音多美,也无论他的演奏技巧多好。为什么呢?因为他不仅想表演好,他还想受人欢迎,但能否受人欢迎,非他所能左右。

[3]就音乐能力而言,他是自信的;大众的看法在他那里无足轻重。他的焦虑源于他在其他领域的知识不够、训练不足。哪些知识呢?[4]他不知道观众是什么人,不知道观众喜欢什么。尽管他完

全明白如何在竖琴上弹奏从最低到最高的每个音符，但观众喜欢什么，那种喜欢意味着什么，有什么真正的意义，他不明白，也没研究。[5]因此，他必然会焦虑，脸色苍白。当然，即便我看到他怯场，我也不会就此断言，他不是真正的演奏家。但我对此还是有话要说，事实上有许多话说。

[6]首先，我把这种人叫作异乡人，"他不知道自己生活在哪里，尽管他一直住在这个城邦，但他仍然不知道这里的法律或习俗。他不知道什么是允许的，什么不允许。他从不费些心思去拜访法律专家，求教这里的事情如何运作。[7]他不会签合同，因为他不知道如何正确起草合同，也不知道雇专人来做。同样，他更不会轻易签订借贷或者提供担保。无论他想要什么，还是不想要什么，无论他有什么冲动、计划或方案，他都靠自己，不找法律咨询。[8]我怎么知道的呢？他想要他不可能有的东西，而他不能拒绝的东西，他又不想要；他甚至没有意识到这一点。他不知道什么是他的，什么是别人的"。要是他知道，他就不会沮丧、失望，也不会焦虑不安。

只要想想：[9]若非坏事，我们会怕吗？即使是坏事，只要在我们能力之内可以避免，我们也不会怕。[10]因此，如果外物既不好也不坏，只要在选择的范围内的一切是在我们的能力掌控之中，不能被人夺走，或者未经我们同意就强加于我们，那还剩下什么值得焦虑？[11]可是现在，我们为身体、钱财或圣旨而焦虑，却不为我们内在的东西而操心。

我的意思是，我们会为即将做出错误的判断而焦虑吗？不会，因为这在我们控制之内。我们会为违背自然的冲动而焦虑吗？还是不会。[12]因此，如果你看见某人因为焦虑而失色，你要像一个医生通过发黄的皮肤诊断出病人患了肝炎，说："这人想要的东西和不想要的东西出了问题，他的官能失调、发炎了。[13]因为没有别的东西可以解释他为何肤色变化，浑身发抖，牙齿打战，'焦躁不安，两脚动来动去'。"

[14]正因如此，芝诺去见国王安提格努斯时，他毫不焦虑。芝诺看重的东西，安提格努斯没有权力控制；作为哲人，对于王权能够控制的那些东西，芝诺也不在乎。[15]相反，在见面之前，焦虑的是安提格努斯。他自然想留下好印象，但这超出了他

的控制。芝诺呢，从不希望取悦对方：哪有内行需要外行的认可。[16]所以，我需要你的认可做什么？你又不知道人的尺度，你又没有研究何为好人或坏人，你又不懂人如何走上不同的道。难怪你不是好人。

[17]"你怎么知道我不是好人？"

好人生来不会哭哭啼啼，抱怨不已；他们不会脸色发白，浑身颤抖，操心"他会怎么接待我？他会怎么听我说？"[18]傻瓜，那是别人的事，你操什么心。要是对方没有善待你，那是对方的错。

"当然。"

要是对方的错，你会受罚吗？因此不要为他人的行为而焦虑。

[19]"是的，可我还是焦虑，我该怎么与对方说话。"

难道你就不能想怎么说就怎么说吗？

"我怕惊慌失措，口不择言。"

[20]看，你要是写"狄翁"这个名字，你怕写错吗？

"不怕。"

为什么不怕呢？是因为你练过。

"是的。"

你读这个名字时，会不会同样自信？

"会。"

那是因为任何一门技艺，只要进行针对性训练，就会带来能力和自信。[21]现在你练习了说话的技艺。你在学校还学过什么？

"推理和论辩。"

为了什么目的？难道不是为了熟练地进行辩论？所谓熟练，我指的是简洁、自信、机智、沉着，不怕反驳，最重要的是无畏。

"对的。"

[22]好，那么，假如你是一个骑兵，你要对阵一个步兵。你练过马术，对方没有练过，你会紧张吗？

"不会。不过，他也可能把我斩落马下！"

[23]既然这样，就说实话吧，可怜的家伙，你不要装模作样，自吹学过哲学。正视那些比你优秀的人吧。只要你贪生怕死，你就随时会向比你强大的东西投降。

[24]谈到说话的技艺，苏格拉底肯定也学过，你看，他如何回答三十僭主，他如何在陪审团前申

辩，他在狱中如何交谈。[25]第欧根尼也训练过如何说话，你看，他在面对亚历山大大帝、腓力二世、海盗以及从海盗手中把他买来为奴的那个人时，言谈多么从容。[26]而你呢，还是回去操心自己的事吧，不要出来丢脸。躲进你家的角落，把玩你的三段论，向你的朋友展示演绎推理。[27]你的身上丝毫没有城邦领袖的气质。

➤➤ 8 致固执己见者

［1］意志生来就自由自在、无拘无束，而别的一切生来就会受到阻碍限制，受制于他人或外物。有人认为，做决定这项美德，若与这一事实联系起来考虑，就会要求我们完全遵守决定，绝不后退一寸。［2］这是不对的；我们首先应该做的是确保我们的决定要有好的依据。我的意思就好比说，我想要身强力壮，那么，身强力壮是来自身体健康和加强锻炼，而不是来自躁狂症的叫嚣。［3］如果你像个疯子一样吹嘘自己力大如牛，我只有对你说："朋友，去看医生吧。你这不是力量，而是虚弱。"

［4］在另一种意义上，那些误解了我们哲学的人，心灵也感染了这种疯病。比如，我的一个朋友，

他莫名其妙就决定要绝食自杀。[5]我听说他已绝食三天,就去问他怎么回事。

"我做了决定。"他说。

[6]"没错,可你为什么要做这个决定?你看,假如这是正确的决定,我们已经坐在你旁边,可以送你最后一程。倘若这是鲁莽的决定,你改变主意还来得及。"

[7]"我们必须坚守决定。"

"你这是干什么,朋友?这条规则只适合正确的决定。假设接下来你决定,现在是晚上,并且深信不疑,拒绝改变看法,因为你不想改变。那时,你当然可以反复说,'我们必须坚守决定'。[8]但做出决定之前,你首先要有坚实的理由,你要评估决定是否合理。也就是说,你严谨的决定是建立在坚实的理由之上。[9]如果你的理由摇摇欲坠,上面什么东西都建不起;你建的东西越大、越堂皇,它就会倒塌得越快。[10]你现在没有充分的理由,就要结果自己的生命,一个无论是在大世界还是在小世界都与我共存的老友的生命。[11]你犯的是杀人罪,而且杀的是一个无辜的人,可你却说,'我们必须坚守决定'。[12]如果决定要杀的是我,我想问你,你还会不会坚守决定?"

[13] 就这样,我费了好大的劲,才说服我的朋友改变主意。可是今天有些人,根本不听劝。俗话说,"愚人是没办法说服的,哪怕强迫他,他也不会放弃他的愚蠢",这句话我以前还没有完全明白,现在是懂了。[14] 但愿不要安排有一点小聪明的蠢人来做我的朋友,没有人比他们更难打交道。他们会说:"我做了决定。"

是啊,疯子也会说做了决定。但是,他们越是执迷于虚幻,就越需要医治,[15] 就得像病人一样,要去看医生,对医生说:"我生病了,帮帮我,我答应听你的医嘱。"[16] 同样,我希望听到你说:"我糊涂了,不知道该怎么办。我来跟你学学。"可你偏要说:"这件事我已做了决定;跟我谈谈别的。"[17] 你想我跟你谈点别的什么? 还有什么比这更加重要,医治"我们必须坚守决定"的想法,这条规则太粗糙。这是疯狂的决定,不是理性的决定。

[18] "即使没有必要,我也想死。"

为什么? 朋友,怎么啦?

"我做了决定。"

[19] 幸好你做的决定不是杀我。

"我不会收费的。"

为什么不收?

"这是我的决定。"

我敢说,既然你的非理性让你今天做出了不收费的决定,明天它也许会让你做出收费的决定,并且同样坚决地声称:"这是我的决定。"[20]你就像身体有病的人,一会儿这里痛,一会儿那里痒。一个精神有病的人也是这样;没有人猜得到他的心思。要是他再固执己见,就更加不可救药。

9 如何把先入之见与日常实例结合

[1] 想学哲学,首先要抛弃自以为知道的心态。自以为知道的东西,一个人是不会主动去学习的。[2] 我们来学习哲学,总是不假思索地认为,什么该做,什么不该做,什么是好,什么是坏,什么是耻。在此基础上,我们信口表扬、批评、责难或怪罪,分不清行为的好坏。

[3] 假如什么都知道了,我们还需要哲人什么?事实上,我们想要学的,不是我们自以为知道的东西,也就是说,逻辑问题。[4] 我们想学习哲人教的东西,因为据说那东西玄妙高深。[5] 实在难以想象,除了你想学的东西,你还要学别的。换言之,你都不想涉足,你还怎么指望进步。

可是许多人都跟修辞学家忒奥彭普斯犯了相同的错误。忒奥彭普斯批评柏拉图想给每一件事物下定义。[6]他问,"在你之前,难道没有人用过'善'和'正义'这样的词语?如果用过,难道不知道它们?难道只是在制造没有意义的空洞声音?"[7]柏拉图怎么回答的呢?他说,你看,忒奥彭普斯,没有人否认,我们生来就知道,对这些词语有先入之见。我们缺乏的是正确运用的能力。我们还没有把它们组织起来,用来决定它们所属事物的等级。

[8]同样,你也可以挑战医生:"在希波克拉底之前,难道没有人用过'健康'和'疾病'这样的词语?如果用过,难道不知道它们?难道只是在制造没有意义的空洞声音?"[9]的确,我们生来就知道"健康"的意义,但即便是现在,如何判定"健康"也是众说纷纭。一个医生说"要节食",另一个说"要进食";一个医生说"应该抽血",另一个说"需要输血"。造成这种混乱的原因,是我们还不具备把关于"健康"的先入之见与日常实例相结合的能力。

[10]生活的道理也是一样。"好""坏""利"

"弊"这些词语都是我们日常使用的，对于它们的意义，我们都有先入之见。但只是知道它们的意义，就算完美的认知了吗？[11]如何才算有完美的认知呢？就是把它们正确地运用到具体的事物之上。柏拉图将他的定义与对"利"的先入之见相联系；可你却认为他的定义没用。[12]你和柏拉图不可能都正确。关于什么是"好"，有人会将之与金钱、快乐或健康相联系；有人明显不会。[13]假如我们所有用这些词语的人都不是口是心非，假如我们不需要帮助澄清他们的先入之见，那为何相互之间还有误解、冲突或指责？

[14]为什么偏偏要提起我们的分歧，对此念念不忘呢？就以你为例吧。假如你善于运用你的先入之见，为什么心里还有矛盾和困惑呢？[15]我们的研究有三个领域。我们现在暂时忽略第二个研究领域，即如何对付欲望，如何把欲望引向合适的行为。我们也跳开第三个研究领域，即关于同意的问题。[16]这两个研究领域我都假定你已过关。我们现在单说第一个研究领域；这个研究领域几乎就足以非常清楚地说明，你是否善于运用你的先入之见。如果你现在想要的东西都是现实的，对于你个人来

说是可以得到的,为什么你还闷闷不乐,觉得受了挫折?[17]假如你不是在极力逃避不可避免的东西,为什么你继续遭遇偶然和不幸?为什么你不想要的,偏偏来了,你想要的,却得不到?[18]要说一个人内心是多么迷茫和不幸,这就是绝对的证据。我想要发生的,没有发生;我不想要发生的,却发生了,还有比我更不幸的人吗?

[19]美狄亚正是不能忍受这一点,才杀死了自己的孩子。这是惨烈的行动,表明她完全知道,放纵欲望意味着什么。[20]"他伤害了我,侮辱了我,我要报复他。可是,一般的惩罚能起什么作用?既然起不了作用,那我该怎么办?我杀死自己的孩子吧。但要是我杀了自己的孩子,我不是在自我惩罚吗?……[21]可是,我又有什么可在乎的呢?"

你看,一颗高贵的心灵是如何毁灭的。事实上,美狄亚不知道,满足欲望,不是靠寻求外在的帮助,不是靠改变或重新安排环境。[22]美狄亚啊,不要再想得到你的丈夫,你的愿望注定落空。不要再想不惜一切代价在一起,不要再想待在科林斯——总之,除了神想要你做的事情,你不要想任何东西,没有人会阻挡你,留住你,正如没有人能够挡住神。

[23]你有了神的指引,全心全意地服从,你还害怕什么失败?

[24]只要你一心想着财富,躲避贫穷,你非但得不到财富,倒很可能陷入贫穷。只要你把信仰放在健康、高位、厚禄等任何你在乎的外物之上,你就不会有好下场。[25]把你的意志交给宙斯和诸神吧,让他们来掌管;只有委托给他们,你的幸福才有保证。

[26]你这个装腔作势的傻瓜,不要再自诩为哲人。你总是羡慕、自怜、嫉妒、恐惧,没有一天不向神抱怨你的命运。[27]你不过是假的哲人。你只学过三段论和诡辩。如果可能,你最好把它们全部抛弃,重新开始。醒醒吧,要面对事实,你还没入门。[28]开始用这样的方式塑造你的未来吧:确保你不想要的东西不会发生,你想要的东西全都实现。

[29]你给我找一个那样的学生,他是带着那样的愿望来这里学习,他是想投入那样的训练,他会说:"我认为其他东西都没用;要是有一天,我的生活中没有任何悲伤和沮丧,面对任何处境,我都能像一个自由人那样抬起头,像神之友一样望向天堂,无论发生什么,都无忧无惧,若能真的那样,我就

心满意足。"[30]你给我找一个那样的学生,我会对他说:"来吧,孩子,这些都是你的。你生来就敬重哲学,你的到来为哲学增光添彩。这些厅堂,这些书籍,这些讲义,全都是你的。"[31]然后,我就会等待,直到他掌握了这些知识,回来对我说:"我希望自由自在,摆脱恐惧和情感的干扰,我也希望做一个热爱城邦的公民,一个热爱智慧的哲人,关心种种责任,尽到对神、父母、手足、城邦和友人的义务。"[32]如果是那样,我就欢迎他进入第二个研究领域,这也是你的研究领域。[33]要是他再次回来对我说:"我已掌握了第二个研究领域;我希望永不犯错,永不动摇,不仅是在清醒的时候,而且哪怕是在睡觉、醉酒甚至疯癫的时候。"如果是那样,我会对他说,孩子,你简直是一个神,你的目标是繁星闪烁的天宇。

[34]可那样的学生哪里去找呀,你看跑来对我说话的是这样的学生,"我想读克里西普的《论谎言》。"这就是你的目标吗?你还是带着你荒唐的计划跳河去吧。读一本那样的书有什么好处?你读的时候忧心忡忡,你给人讲解,焦虑又不会少一点。

[35]你们现在都是这样做的:"朋友,我先给

你念一段,然后你再给我念一段?"

"老兄,你的文笔真漂亮。"

"哇,简直不可思议,你深得色诺芬的文风精髓。"

[36]"你的风格神似柏拉图。"

"你与安提斯泰尼一模一样。"

就这样,你们相互吹捧,又回到从前的习惯:仍然是从前的欲望和反感,冲动和计划保持不变,祈祷和操心的是同样的旧事。[37]你们不但没有找人恢复神志,反而听到建议或纠正就觉得受了冒犯。你们会说:"这个低贱的老头儿!我离开时,他一点不伤心,也没有对我说:'孩子,你这一路危险重重,我会为你点一支烛,盼你安全回来。'[38]如果这老头儿真有爱心,他会那样说的。"你们这样的人,若能安全回来,那是多大的福分,要点多少支烛!真的,你们这样的人,若能安全回来,一定会不朽,永远不会遭遇不幸。

[39]那么,照我说的做吧,在来学习哲学之前,抛弃你自以为具备的有用知识,就像你开始学习音乐或数学时一样。[40]否则,即便通读了克里普西、安提帕特和阿奇戴莫斯的书,也不会有丝毫进步。

10 如何与表象做斗争

［1］每一个习惯，每一种能力，都会在相应的技艺中形成或加强。比如，经常走路，你就走得更好；经常跑步，你就跑得更快。如果想认字，你就读书；［2］如果想当画家，你就学画。要是一个月不读书，只干别的，你看结果如何。［3］要是躺着不动十天，等你重新起来想走一段路，你会发现腿脚不听使唤。［4］因此，假如你喜欢做什么，就要经常做；假如你不喜欢做什么，就养成做其他事情的习惯。

［5］道德习惯也是同样道理。你生气时，你应该知道，你不是为了一次失误而内疚，你是在推波助澜，火上浇油。［6］你抗拒不了诱惑而与人发生

了关系,你不要认为这只是偶尔的不检点,你是在纵容欲望,使之更难根除。[7]无论什么行为,只要经常做,就会养成新的习惯,这是不可避免的。

[8]正如哲人指出,这当然也是道德上的疾病产生的原因。如果你在某个场合想要贪心,理性就会跑来提醒你危险。然后你的贪心就会减退,心灵重归平静。[9]倘若你不采取任何措施,心灵就不会回到正常状态;由于留下了深刻印象,下一次你的欲望之火会更快点燃。如果这种情况反复出现,你的心灵对于邪恶就会甘之如饴;最终贪财之心就会坚如磐石。[10]正如一个人出了天花,即使不死,他也跟得病前不一样,除非彻底痊愈。[11]灵魂的欲望是同样道理;它们会留下疤痕和水疱。除非彻底消除,否则下一次打在同样的地方,就会皮开肉绽。

[12]因此,如果你不希望暴躁,就不要惯着这毛病,乱生气。生气的苗头才出现,你就要压制住,然后开始数,你多少天没有生气了。[13]"我过去天天生气,然后两天生一回,再然后三天生一回……"如果你坚持一个月没有生气,就去祭神,因为这种恶习一天天在减弱,直到完全根除。[14]"我

今天不会生气,明天不会生气,连续两三个月都不会生气。"如果能这样,相信我,你的身体就会很健康。

[15]今天,我看到一个漂亮的女人,我不会在心里说,"跟她睡多好",或者,"她男人真幸运"。因为这等于说:"只要跟她睡了,哪怕通奸,也是幸运的。"[16]我也不会继续幻想她在我面前宽衣解带,与我同床共枕。[17]我会拍拍自己的后脑说:"干得不错,爱比克泰德,你解决了一个比霸王诡辩论还难的问题。"[18]即便这个女人愿意跟我好,向我打招呼,点头示意,甚至拉着我的手,不停挑逗,我还是会克服欲望。我会拍拍自己的后脑说:"干得不错,这问题比说谎者悖论还难,难度甚至超过沉默者悖论。"你看,这才是可以夸耀的事,而不是解决了霸王诡辩论难题。

[19]可是,我们怎么才能做到这一点呢?首先,你要想取悦自己,决心求变,让自己在神的眼里显得高贵。你要渴望变得纯净,一旦纯净了,你会安于自处,也乐于与神为伴。[20]然后,照柏拉图所说,遇到危险的表象时,就去祭神,向神请罪,求神保佑。[21]你还要结交好人,以他们为榜样,

无论你选择的是今人还是古人。

[22]看看苏格拉底;看看他如何跟亚西比德躺在一起,调侃亚西比德的美貌。想想他该多么骄傲,赢得了自我的胜利。那简直就像是一场奥林匹克竞赛的胜利,只有赫拉克勒斯的继任者才可获得的胜利。真的,他完全值得人们喝彩,"你好,英雄",因为他的成就,远超他的同伴,那些灰头土脸的拳击手、摔跤手或角斗士。

[23]用这样的思想武装自己,你就会打败任何表象,不会被牵制。[24]首先,遇到表象时,切莫被它的力量击倒;你只需说:"等一等,让我瞧瞧你是谁,你要干什么。我要先考考你。"其次,无论表象向你描绘前方有什么快乐,切莫上当。[25]否则它会牵着你的鼻子,为所欲为。你要用美好高尚的思想来对付它,把丑陋卑贱的表象赶走。[26]如果你经常这样锻炼,你会看到自己的肩膀变得多么结实,肌肉多么发达,力量多么强劲。现在的人们只关心坐而论道。[27]而我带给你看的是真正的运动员,也就是一个不断训练、迎击最可怕的表象的人。

稳住,可怜的家伙,不要让表象打乱你的阵脚。[28]这是一场大战;这是神的旨意。这是为独立、自由、幸福、和平而战。[29]永远不要忘记神，请求他的帮助和庇护，就像遭遇暴风雨的船员会向狄俄斯库里祈祷。什么样的风暴，大过可以吓跑理性的强大表象？真正的风暴，难道不是另一种表象？[30]把对死亡的恐惧抛下吧，无论面对多大的闪电雷暴，你会发现，心灵能够保持安宁和从容。

[31]假如你有一次被表象打败，而你却说，没关系，下次会战胜它，而下一次你又重蹈覆辙，那么，可以肯定，总有一天，你会变得悲惨无力，甚至意识不到自己的错误，还会为自己的不端行为寻找借口。[32]那时，你就活生生地证明了赫西俄德的话：

开局不好，

就会麻烦不断。

11 善人应该关注什么，应该追求什么目的

［1］对于医生或理疗师来说，身体是他要加工的原材料。对于农夫来说，大地是他要加工的原材料。善人需要加工的原材料是他的心灵，他的目标是按照自然希望的方式回应表象。［2］一条总的原则是，自然设计出的心灵都会同意真理，反对谬误，在不确定的情况下则搁置判断。同理，自然训练了的心灵都会渴望善，拒绝恶，对不是善也不是恶的东西则会淡漠。［3］正如钱商和小贩都不能拒绝接受皇帝发行的钱币，不管愿不愿意，都必须按比率交换。灵魂亦然：［4］见到善的东西，立刻吸引过去；见到恶的东西，就退避三舍。灵魂不会拒绝明显是善的东西，就像我们不会拒绝皇帝发行的钱

币。无论是人，还是神，他们的行为都完全遵循这个原则。

［5］由此可以推论，相比于亲情，善更值得被关心。我可以不关心父亲，但我必须关心善。

"你没有感情吗？"

自然就是这样设计我的；这是神给我的钱币。

［6］这样说来，如果善是与体面和公正不同的东西，父亲、兄弟和城邦等都可不必关心。［7］那么，请问，为了你得到善，我是不是就该让步，放弃自己的善？可是我为什么要让步呢？

"因为我是你父亲。"

可是，你不是善呀。

"因为我是你兄弟。"

可是，你不是善呀。

［8］如果我们认为善就是品格好，那么维持好人际关系，我们就做到善了。谁放弃了物质财富，谁也就赢得了善。

［9］"我的父亲毁了本该留给我的遗产。"

可这并没有伤害你呀。

"我的兄弟狮子大开口。"

他爱要多少，就拿多少吧。难道他就多分了一份诚实、忠诚和友爱？[10] 不会的；即使宙斯也不能剥夺你的这种财富，他也不会选择这么做的。他把这种财富委托给了我，给我与他相等的份额：自由自在、明明白白、无牵无挂。

[11] 假如不同的人有不同的钱币，看一眼就行了，无论买什么，都会用你的钱币兑换。[12] 假如一个腐败的人做了我们行省的总督，他眼里是什么钱币？银币。那你就把银币给他，你就拿走你喜欢的。[13] 假如来了一个奸夫，他眼里的钱币是什么呢？是美女。"拿好钱，我买这个货。"他们就这样做买卖。假如是一个喜欢娈童的人，他眼里的钱币是俊男，你只要把他喜欢的这种钱币交给他，你就可以拿走你想要的东西。还有的人喜欢打猎。你只要送给他一匹好马或好狗，尽管他会嘟囔抱怨，但最后一定会按照你的价码把他的东西卖给你。你看，他身体内还住了一个人，逼迫他这样做，因为是那个人在决定他使用什么钱币。

[14] 我们训练自己的主要方式就在这里：早上出门后，你就要把所见所闻仔细反省。你要给出答案，好像它们在向你提问：今天，你看见了谁？是美女，还是俊男？你再按照自己的原则把当天的

所见所闻反省一下,他们的美貌对你的品格有无影响?如果没有,就不要放在心上。你还要追问,你还看到别的什么?[15]一个正在为失去爱子而痛哭的人?你用自己的原则反省。哦,原来死既不是善,也不是恶,那么何足挂心。你碰到了一个总督;你用自己的原则反省。总督是什么东西?一颗美好的心灵,还是一堆皮肉?如果是一堆皮肉,就去他的吧,没有通过我的审查。对你没有任何价值的东西,就把它扔掉。

[16]假如我们每天从早到晚都这么训练,以神的名义起誓,我们会看到结果。[17]可实际上,我们遇到的每一个表象都在牵着我们走。只有在学校——如果上学的话——我们的头脑才会短暂地清醒。出了学校,看到有人在痛哭,我们心想:"她疯了。"如果碰巧看到一个总督,我们心想:"他真幸运。"看到一个遭流放的人,我们心想:"他真不幸。"看到一个乞丐,我们心想:"他真可怜,连饭都吃不起。"[18]所有这些错误的看法,我们都需要极力根除。痛哭和哀叹是什么?难道不就是你的看法。不幸是什么?难道不就是你的看法。派系冲突、纷争、批评、谴责、吼叫,[19]全都只是看法,善恶

的观念存在于我们之外。如果有人不在意这些看法，只专注于自己意志的运行，我可以保证，不管他处在什么环境，都能够心平气和。

［20］灵魂就像一碗水，表象如同照在水面上的光线。［21］水动的时候，光线好像也在动，其实光线并没有动。［22］因此，假如一个人昏迷了，受影响的不是他的知识和美德，而是蕴含了他的知识和美德的气息。一旦气息正常了，他的知识和德行也就恢复正常。

12 任何处境都代表一个机会

［1］从客观来判断，大约所有人都会同意，"善"和"恶"是存乎己身，而不是系于外物。［2］如果现在是白天，没有人会把这叫作"善"；如果现在是黑夜，没有人会把这叫作"恶"；如果三等于四，没有人会把这叫作大"恶"。［3］他们不会这么叫的，他们只会把正确的判断叫作"善"，错误的判断叫作"恶"；如果我们认识到错误的东西是错误的，那么"善"也可以从错误中产生。

［4］生活中也应该同理。"健康是善，疾病是恶，对吧？"不，我的朋友；善用你的健康是善；滥用你的健康是恶。"难道你是说，疾病也能给我们好处？"［5］当然啦，甚至死亡和残疾也能给我们好处。你看，梅诺伊库斯从死亡中就得到不小的好处。"但愿说过这种话的人都会得到同样的好处！"你看，通过自我牺牲，他难道没有自我拯救吗？我的意思

是，他拯救他身上那一个爱国、仁慈、光荣、守诺的人。要是他活着，他身上那一个爱国、仁慈、光荣、守诺的人就死了，[6]相反，他获得的不就是胆怯、卑鄙、背叛和怕死的名声。

如此说来，难道你认为他的死对他没有任何好处吗？[7]难道你认为阿德墨托斯的父亲采用卑鄙无耻的手段延长寿命就会大大享受？[8]他后来还不是同样死了！看在神的面上，不要再崇拜外物，不要把自己变成仅仅是物质的工具，变成给你或拒绝给你那些物质的人的工具。[9]那从这些环境中可能得到好处吗？当然可以，任何环境都能给你好处，哪怕你遭到侮辱和中伤。一个拳击手获得的最大的好处来自他的陪练；辱骂我的人就好比我的陪练。他训练我的耐心、礼貌和平静。[10]我的意思是说，一个医生抓住我的脖子，矫正我的腰肩，尽管这很痛，但对我很有好处。同样，一个教练命令我"用双手举重"，这对我也有好处；举得越重，好处越大。

假如某人训练我心平气和，难道我就没有从中受益？[11]这表明你还不知道如何从别人那里得到好处。我有一个坏邻居。坏，是针对他自己而言。

对于我来说，他是好邻居，因为他锻炼我在公正和社交方面的能力。同样，一个坏父亲，是针对他自己而言，但对于我来说是一种赐福。[12]赫尔默斯的魔杖允诺，"什么东西只要用它一点，就会成金"。而我会说，"你爱给我带来什么挑战，我都会把它变成好东西；无论是疾病、死亡、贫穷、污蔑，还是极刑，我都会用我的魔杖一点，把它变成好东西"。

[13]"从死亡中会得到什么好处？"

"我会让它成为你的光荣，或者，让它成为你展示如何服从自然意志的时刻。"

[14]"疾病呢？"

"我会战胜自我，冷静以对，认清疾病的本质；我不会乞求医生的帮助，也不会求死。[15]你还想问什么？你看，不管你抛给我什么不好的东西，我都会把它转换成祝福或恩惠，一种尊贵，甚至值得羡慕的东西。"

[16]可是，你却不是这样，你说："小心，不要生病，生病不好。"这就好比说："小心，不要有三等于四的想法，这想法不好。"为何不好？如果我正确权衡这句话，它对我有什么害处？更可能是有帮助。[17]同样，如果我对贫穷、疾病、去职有了正

确的认识，这就够了：所有这些挑战都满足了我内在的要求。我没有必要在外在的境况中寻找善恶。

[18] 可是，实际情况呢？这些道理都只是在学校里讲讲，没有人带回家。只要离开这里，你马上跟自己的奴隶，跟自己的邻居，跟挖苦这些道理、嘲讽你的人争斗起来。[19] 至于我，我要祝福莱斯比乌，因为他每天都提醒我，我一无所知。

13 论人的自由

[1] 一个人,要是按照自己的愿望生活,不受胁迫、阻碍、迫使,欲望不受限制,总是获得想要的东西,不想要的东西从不会遭遇,那他就是一个自由的人。

既然如此,谁想浑浑噩噩,不懂如何获得自由,枉过一生?

"没有人。"

[2] 谁想与幻觉和偏见一起生活,成为没有正义、缺乏节制、吝惜刻薄、忘恩负义的人?

"没有人。"

[3] 没有一个坏人能够想怎么生活就怎么生活,所以没有一个坏人是自由的人。[4] 经历悲伤、嫉

妒、可怜，想要的东西得不到，不想要的东西偏偏来，谁要过这样的生活？

"没有人。"

［5］我们谁见过一个坏人，没有悲伤、恐惧、沮丧或不幸？

"没有人。"

也就是说，我们根本找不到一个自由的人。

［6］现在，假如你在跟一个做了两任执政官的人说话，只要你再补充一句，"不过，你已知道这点，你是个例外"，他就会原谅你的。如果你跟他讲真话，你说，［7］"你和那些卖了三次的奴隶没有两样，也不过是一个奴隶"，你只会招到一顿暴揍。"我怎么是一个奴隶了？"他追问。［8］"我父亲是自由人，我母亲是自由人，谁也不能把我当奴隶买卖，我还是元老、皇帝的朋友、执政官，我有许多奴隶。"［9］你若问我怎么回答他，我会说，尊贵的元老，你的父亲、母亲、列祖列宗可能和你都是同样的奴隶。［10］退一步说，他们是自由人，这与你有什么关系？即使他们很高贵，难道你就不会堕落？即使他们有勇气，难道你就不会是懦夫？即使他们克己，难道你就不会放荡？

[11]"这跟是不是奴隶有什么关系?"

你觉得,一个人违背自己的意志、在别人的抗议或逼迫下做事,这还不算是奴隶?

[12]"就算你说得对,可是,除了统治万民的皇帝,还有谁能强迫我?"

[13]看,你自己都承认,你至少有一个主人。你不要自我安慰,照你说的,皇帝统治万民;这只是意味着你是一个大家庭中的奴隶。[14]你让我想起尼科波利斯的公民,永远在高呼:"感谢皇帝的恩典,我们是自由人。"

[15]不过,只要你愿意,我们暂时可以不谈皇帝的话题。你先回答我这个问题:你是不是爱上了什么人,无论是男的还是女的,是奴隶还是自由人?

[16]"这跟是不是奴隶有什么关系?"

[17]难道你爱上的这个人就没有命令你去做你不想做的事?难道你就没有奉承过你的宠奴,吻过她的脚?可是,假如有人强迫你吻皇帝的脚,你会觉得这是骄横和暴政的羞辱。

[18]如果害相思病的你还不算是奴隶,那什么才算?你是否在夜里大着胆子外出,去一个不想

去的地方,花不想花的钱,不顾嘲讽,痛苦地哀求,结果还是被拒之门外?[19]如果你觉得羞于分享自己的经历,那就看看特拉索尼德的言行,他参加过的战争恐怕比你多。有一次,他晚上出去。大晚上的,他的奴隶是不敢出去的,即使不得不出去,也会大喊大叫、痛哭流涕,哀叹时运不济。[20]你知道特拉索尼德怎么说?"一个美女就能把我当奴隶支使得团团转,这种事再厉害的敌人也办不到。"[21]可怜的家伙,那是什么美女!不过是一个婊子,最低贱的婊子!竟然给最低贱的婊子当奴隶。你还有什么权利说自己自由?你还有什么意义吹牛打胜仗?

[22]为了摆脱当牛做马,特拉索尼德叫家奴拿剑来,他要自己了断。出于同情,家奴拒绝把剑给他,他又把家奴骂了一顿。然后,他继续给意中人送礼,即使对方仍然鄙视他,他还是苦苦哀求,要是讨到一丁点好处,他就欢呼雀跃。[23]可是,假如不能克服欲望和焦虑,他怎么能够算是真正自由的人?

[24]你想想看,我们如何使用自由这个概念来描述动物。[25]比如驯服了的狮子,人们把它关起

来喂养，走到哪里都带上。谁会说它自由？生活越舒适，它就越听话。要是它有理性、谨慎，它会选择做宠物吗？

[26]再如天上的小鸟，我们抓来关在笼子里，它们总是想方设法逃出去。有些宁愿饿死，也不愿忍受囚禁。[27]极不情愿活下来的，逐渐消瘦下去，一旦发现有个缝隙，立刻就会飞出去。它们天生渴望自由和飞翔，不受任何束缚。[28]"你待在这个笼子里有什么不好？""你说什么？我天生就在自由的天空里生活，想飞到哪里，就飞到哪里，想唱歌，就唱歌。你剥夺了我这一切，还问：'你待在这个笼子里有什么不好？'"

[29]因此，只有那些拒绝忍受囚禁、被抓之后宁死也要逃出去的动物，我们才会说它们是自由的。[30]顺便插一句，第欧根尼也曾经说过，有一条确保自由之路，就是随时准备赴死。他给波斯国王写信："你永远不能奴役雅典人，就像你永远不能奴役大海里的鱼。"[31]"为什么？难道不能把他们抓起来？""把他们抓起来？他们马上会离开你，就像鱼一样；你把鱼抓起来，它们立马就死了。如果你的俘虏都死了，你再强大的军力，最终又有什么意

义?"[32]这是一个自由人说过的话,他对自由有深入的思考,可以肯定,他发现了自由的真义。假如你继续在错误的地方寻找自由,不要奇怪永远找不到。

[33]凡是奴隶,都热切祈祷获释。为什么呢?难道你们认为,那是因为他急着想交二十一税?不,那是因为他想,没有了自由,他一辈子多么不幸,处处受制于人。[34]"要是我有了自由,"他说,"我立马会觉得十分幸福。我不用侍候任何人,我可以平等地与任何人说话,想去哪里就去哪里,想来就来,想走就走。"

[35]假如他现在获释了,可他没有地方吃饭,他就去找一个人说好话,要一口饭吃。要是他靠卖身吃饭,假如遇到老色鬼,那就更惨了,比他的奴隶生涯还惨。[36]即使他可以自谋生计,由于出身低,只有找普通的妓女。要是连妓女都不理他,他就彻底崩溃了,迫切地想做回奴隶。

[37]"过去做奴隶的时候,我缺过什么?有人供我吃,供我穿,生病了,还有人照顾;我只是出了一点力侍候,当作回报罢了。可是现在,我多不幸啊,侍候的不是一个人,而是一群人。[38]不

过话说回来,我要是能够弄到一枚象征权力的戒指,人生就圆满了。"天啊,要得到权力戒指,他就得忍受常见的羞辱,重新做回奴隶。

[39]他想:"只要去参军,就可以逃离苦海。"于是他就去参军,普通士兵该吃的苦,他都吃了,参了一次,又一次,再一次。[40]最后,他结束了行伍生涯,进了元老院,可他还是奴隶,只是换成与一批锦衣玉食的人为伍,遭受的是最光鲜、最有名的奴役。

[41]真是愚蠢之极。这个人必须懂得苏格拉底经常说的"世间万物的本质",不要再随意把先入之见用于日常实例。[42]这是每个人麻烦的根源。至于什么是恶,众说纷纭。[43]有人认为自己病了,其实不然;他只是没有正确理解什么是病。有人认为自己穷,有人认为父母不好,有人认为不受皇帝宠幸。这一切的根源都是同样的,也就是,不知道如何运用自己的先入之见。

[44]毕竟,谁对"恶"、对其产生的有害后果没有先入之见,不知道该去避免、应该想尽办法除恶?一个人的先入之见与另一个人的先入之见并不冲突,[45]只有在运用时,冲突才会出现。那么,

这种既有害也需要避免的"恶"到底是什么？有人说，没有成为皇帝的朋友，这是恶。他没有说到点子上，他没有正确运用，他纠缠在不符合"恶"的定义的事物上，为此痛苦不堪。要是他成了皇帝的朋友，他仍然没有得到他想要的东西。[46]说真的，那也是我们都想要的东西：生活平静、幸福，为所欲为，不受任何阻碍或强迫，违背我们的意愿。

一个人要是成了皇帝的朋友，他难道就会无拘无束，自由自在，生活平静幸福？这个问题，我们应该问谁？除了皇帝真正的友人，谁有资格回答？[47]朋友，你过来，告诉我们，你什么时候睡得更安稳，是现在，还是成为皇帝的友人之前？"看在神的分上，不要嘲笑我的境况。你不知道我多惨。我还没合眼，又有人来传召，'皇帝起来了，准备接见'，就这样，我饱尝焦虑和危机。"

[48]"那你再给我们讲讲，你什么时候吃饭更香，是现在，还是从前？"我们且听他的证言。他说，要是没有接到与皇帝一起用膳的邀请，他就会十分难受；要是接到邀请，他就像受邀坐在主人身旁的奴隶，惶惶不安，生怕说错话，做错事。他是担心像奴隶一样挨鞭子吗？要是真的只是挨一顿鞭

子，倒该庆幸。作为皇帝的朋友，如此尊贵的客人，他担心的是掉脑袋。

[49]"你什么时候洗澡更放松？你什么时候锻炼更放松？总之一句话，你喜欢哪种生活，现在的还是过去的？"[50]"我可以发誓，没有人会麻木到不后悔自己的命运，与皇帝关系越近，越后悔。"

[51]既然是这样，如果所谓的皇帝，皇帝的好友，都不能随心所欲地生活，那剩下谁可以认为是自由的呢？只要你找，就会找到：自然赐予了你找到真理的手段。如果你不能找到答案，[52]那就听听探讨过这个问题的人是怎么说的。

"你认为自由是好东西吗？"

"是最好的东西。"

"拥有这个最好的东西的人，可能不快乐或不幸福吗？"

"不可能。"

"你的意思是不是，只要你看见任何人，他不快乐、不幸福、不满足、很失望，你就能自信断言，他不自由？"

"是的。"

[53]现在，我们可以完全不用再讨论买卖之类

的世俗交易。因为如果你同意我们上面说的，这样的做法没有错的话，那么，只要这人不幸福，无论他是国王、王子或执政官，都不可能是自由人。

"对。"

[54] 那好，我再问你："你认为自由是一个宏大、光荣、重要的东西吗？"

"当然是。"

一个人拥有这么宏大、光荣、重要的东西，可能觉得自卑吗？

"不可能。"

[55] 那么，当你看见某人奴颜婢膝，或者口是心非地奉承他人，你完全可以认为，这不是自由人，不管他是为了求一口饭，还是低三下四想保住总督或执政官的高位。事实上，你可以把那些为了蝇头小利而奴颜婢膝、口是心非的人叫作"小奴"，把那些为了高官厚禄而奴颜婢膝、口是心非的人叫作"大奴"。

[56] "我同意。"

我再问你："你认为自由是自足的东西吗？"

"是。"

这样说来，一个人只要受到妨碍或被迫使，就可以肯定他不自由。[57]没有必要再考察他列祖列宗的地位，他们是否遭人买卖。要是听到某人打心底带着感情说一声"主人"，你就可以叫他奴隶，哪怕他前面有十二个护卫开道。要是听到某人说"神啊，我能忍受这些事"，你就可以叫他奴隶。要是看到某人焦虑、愤怒，你就可以叫他奴隶，哪怕他穿着紫边长袍，也不过是奴隶。

[58]假如他没有做过这一切，你也不能急忙就叫他自由人，你还要先看看他的判断力，是不是有任何迹象，显露出受限、失望或不满。如果发现他确实是这样，你还是可以叫他奴隶，一个放农神节假的奴隶。你可以说，他的主人暂时离开了家；等他的主人回来后，你就可以看清他的真实地位。

[59]"他的主人是谁？"

谁有权力主宰他看重的东西，谁就是他的主人。

"这样说来，我们不是有许多的主人？"

是的。最主要的是，我们的主人是以局势的形式出现。局势多种多样，谁控制了局势，也就控制了我们。[60]你知道，没有人会怕皇帝这个人，他怕的是死亡、流放、剥夺财产、囚禁和失去公民身份。谁也不会爱皇帝，除非皇帝碰巧是一个值得爱的人；我们爱的是钱财，爱的是护民官、执政官、统帅的地位。只要我们爱、恨或怕这些东西，那些控制它们的人必然就成为我们的主人。[61] 结果我们把他们当作神一样崇拜，因为我们认为，凡是有权赐予我们最大好处的都是神。于是我们就定下这样一个错误的前提：这个人有权赐予我们最大的好处。这样错误的前提，必然推出错误的结论。

[62] 那么，让一个人自由的东西是什么？答案不是钱财，也不是总督、执政官甚至君王的地位。[63] 我们需要找到别的答案。我换个方式问你，写作时，怎样才能做到自由和流畅？是懂得如何写作的知识。玩乐器也一样。由此可见，在生活中，必然也有如何过美好生活的知识。[64] 你以前听到的都是大道理，我们现在来看在具体的情况下如何证明。比如，一个人想要别人控制着的东西，他可能无拘无束吗？

"不可能。"

[65] 也就是说，他不可能自由。我再问你，一切东西都不在我们控制之下？还是一切都在我们控制之下？还是有些东西我们可以控制，有些我们不能？

"你什么意思?"

[66]只要你想,你的身体就能完全做到,这在你能力控制之下吗?

"不能。"

"要是你希望身体好呢?"

"也不能。"

"要是你希望有魅力呢?"

"还是不能。"

既然这样,这具身体就不是你的,它会屈服于更强大的东西。

"对。"

[67]那么,你的土地呢,是不是你想要多少就有多少,想要拥有多久就拥有多久?

"不是。"

你的奴隶呢?

"不是。"

你的衣服呢?

"不是。"

你的房子呢?

"不是。"

你的马呢?

"都不是。"

假如你最想要的是你的子女、妻子、兄弟或朋友活着,这在你力所能及的范围吗?

"不在。"

[68] 难道没有任何东西在你的控制之内,只有你能掌控?有那样的东西吗?

"我不知道。"

[69] 那好,我们换个角度来看。有人能使你同意一个错误的观点吗?

"没有人。"

也就是说,在同意的问题上,你不受阻碍。

"对。"

[70] 别人能强迫你选择你反对的东西吗?

"能。若以死亡或囚禁相威胁,他们可以强迫我选择。"

假如你蔑视死亡和囚禁,你还会受人控制吗?

"不会。"

[71] 你对死亡的态度是你自己的事,对吧?

"对。"

那你的意志也是你自己的事。

"我承认。"

那选择反对某种东西也是你自己的事。

[72]"可是，假设我选择走路，别人要阻拦我呢？"

他们阻拦你哪一个部分？肯定不是你同意的权力吧？

"不，阻拦的是我的身体。"

你的身体是吧——那不就像阻拦一块石头。

"或许是；可我现在就没法行走了。"

[73]谁告诉过你，"行走是你不可撤销的权利？"我只是说，行走的意志是不能阻挡的。至于如何运用身体，身体部位之间如何配合，你早就听说了，这不是你自己的事。

[74]"完全同意。"

别人能强迫你想要你不想要的东西吗？

"不能。"

别人能强迫你有什么打算或意图，或者简单地说，能以任何方式强迫你看待表象？

[75]"还是不能。可是，当我有了想要某种东西的愿望时，他们能够阻拦我如愿。"

要是你想要的东西在你的控制之内，不受阻碍，他们怎么拦你？

"当然不能。"

要是你想要的东西不在你的控制之内,谁说你就不能被阻拦?

[76]"这样说来,我就不应该想要健康?"

当然不应该。同样,凡是在你控制之外的东西,你都不应该想要。[77]凡是你不能随意生产或保有的东西,都是在你的控制之外。手切莫靠近,更不能想要。否则,你是自投罗网,委身为奴。只要你看重不属于你的东西,渴望健康那样的东西,你就等于自戴枷锁。这些东西完全取决于神意,本质上是可变的、不稳定的、难预测的、不可靠的。

[78]"难道手也不是我的?"

手是你的一部分,但本质上,手是泥土做的,受人左右,屈于强力,不管什么东西,只要比它强,它就只能当奴隶。[79]你为什么只挑出手来说呢?你应该把整个身体当作一头载重的驴,只要可能,都会跟着你。要是有士兵征用这头驴,就放它走;不要抵制和抱怨,否则你会挨一顿打,并且照样失去这头驴。[80]如果这是你对待身体的方式,对于那些为你身体服务的东西,也应该如此对待?如果身子是驴,那么为其服务的东西就是笼头、缰绳、鞍子、铁掌、大麦、饲料。要是有士兵征用，也放它们走吧，甚至比放你的驴还大方，还痛快。

［81］只要你做了这样的训练和准备，学会了区分什么属于你，什么不属于你，什么会受阻，什么不会受阻，认识到不会受阻的东西跟你有关，受阻的东西跟你无关，那么，你还需要怕谁呢？

"谁都不怕。"

［82］那是当然；因为你还怕他们什么？你不会怕那些本来就属于你的东西，也就是构成了善恶本质的东西，因为除了你自己，没有人有权力控制它们。除了神，谁也不能把它们从你身上剥夺走，谁也不能阻挡它们。［83］或许，你担心自己的身体和财产，这些东西本来就不受你控制，对你没有意义。从一开始，除了区分什么是你的，什么不是你的，什么在你的能力之内，什么不在你的能力之内，什么受到制约，什么不受制约，你还用做别的吗？你何必经常来找哲人？莫非你还是像从前一样糊里糊涂，觉得不幸福？［84］要是那样，你永远摆脱不了恐惧，摆脱不了痛苦，这对你也没有任何好处，你知道，要是你怕将来的恶果，当它真的出现时，你的怕就会变成痛苦。

你也不应该再感到非理性的渴望。你对灵魂的东西应该有固定的、审慎的渴望，因为它们在你的能力之内，可以接近。你蔑视外物，不给任何非理性的、冒失的、冲动的欲望留下空隙。[85]对事物采取这样的态度，你不会再怕任何人。一般来说，一个人在另一个人的脸色、言谈或陪伴中，能发现什么奇怪或可怕的东西呢？不会有。就像一匹马、一条狗、一只蜜蜂，见到了同类，不会觉得奇怪或可怕。当然，人的确发现一些特定的东西可怕，那是在有人用他们自己害怕的东西来威胁或引诱我们的时候。

[86]一座卫城是如何摧毁的呢？不是因为刀剑或大火，而是因为判断。我们能够攻下一座城邦的卫城，但我们关于疾病或者美女的判断，连同我们每天服侍的僭主，尽管他们的身份时刻在改变，还是有待我们从内心的卫城逐出。[87]正是在这里，我们需要开始攻击这座卫城，将僭主驱赶出去。我们应该放弃我们的身体、四肢、器官、功能、财富、名望、官职、荣誉、子女和兄弟，全都放弃。[88]如果这些僭主都遭驱逐，至少在我看来，这座卫城也就没有必要摧毁了，因为尽管它还存在，但对我没

有危害。

这些僭主的卫士也可以留着,因为他们怎能影响我呢?他们的短棍、长矛、刀剑,都是用来对付别人的。[89]至于我,想要的东西没有得不到的,不想要的东西也不会强加于我。我是怎么做到的呢?我把我的意志交给神。神要我生病,我就生病;神要我选择什么,我就选择什么;神要我渴求什么,我就渴求什么;神想要我得到什么,我就想得到什么;神不想要我得到什么,我就不想得到什么。[90]即使神要我死亡、受难,我也会听从。就像没有人能够操控神,也没有人能操控我的意志。

[91]任何谨慎的路人都是这样行事。假如他听说,一路上到处是强盗,他就不会冒险独自上路,他会等待时机,混进使节、执法官或总督的随从中,确保安全。[92]在人生的道路上,谨慎的人也是这样做的。他想:"一路上有无数的盗贼,无数的风暴,无数次迷路或行李丢失。[93]我们如何避免这一切,才能免遭不测?[94]我们应该等待加入哪一伙,才能确保安全?该和有影响的富人一路吗?不,不要,没有太多好处;富人很可能破产,证明对我根本无用。要是找了一个结伴同行的坏人,他反过

来抢劫我,怎么办?"

[95]"既然这样,我要跟皇帝做朋友,这样就没有人敢欺负我。可是,要接近皇帝,我首先得牺牲多少?吃多少苦?花多少钱?买通多少人?[96]即使办成了,皇帝也不能长命。更何况,万一弄巧成拙,皇帝成了仇人,我就只好逃命,藏到荒山野岭里去。[97]要是得了病,藏到荒山野岭也没有用。那还剩什么?难道一路上就没有诚实、可靠、信赖的同伴?"

[98]用排除法,我们可以得出结论,只有与神一道,一路才能安全无恙。

[99]"'与神一道',这是什么意思?"

我的意思是说,只要是神的愿望,就是我们的愿望,我们就相应去做;同样,神不想要的,我们也不想要,也不要去做。[100]我们怎能做到这点呢?那就得注意神的意志和计划。首先,要思考神赐给我什么东西,什么是神独自保留的?神赐给了我们意志,让我们的意志自由自在。但肉身是泥土做的,神怎能让我们的肉身无拘无束?正如我们的家具、房子、女人和子女这些外物,他将我们的肉身也交给宇宙大化去处理。

[101]因此,不要与神作对,想要不能获得的东西,也就是,想要永远保留根本不属于你的东西。至于神赐予你的东西,则要尽可能长久地保留。既然神能赐给你东西,他也能收走。为什么要反抗他呢?反抗比自己强大的神是愚蠢的,更重要的是,这是错误的。[102]我的一切所有,首先是从哪里来的呢?当然是我的父亲。可是,是谁给我父亲的呢?谁创造了太阳?谁让大地结出果实?谁创造了四季?谁设计了人类关系和社会秩序?

[103]既然你的一切,包括你的生命,都是神赐给你的,那么,你有什么理由对你的恩人生气,抱怨他把礼物收回。[104]你是谁?你怎样来到世间?正是神带你来到世间,让你见到光明,为你找了父母,给你理性和感性。他带你进入世间,让你作为一个凡人在尘世度过一生,神赐予你一点肉身,见证他的设计,短暂分享一下他的盛典。[105]为什么不按照神的旨意,享受一下他的盛典;然后,当他引你离开,你要带着敬重和谢意,感谢他赐予你的特权,一度见闻的东西。

"不,我想继续参加盛典。"

[106]是的,正如刚入会的信徒,都希望神秘

的仪式继续，正如奥林匹克运动会上的观众，想看到更多的选手。但盛典结束了；你得离开，继续上路，你应感恩所见的一切，带着完整的自尊离去。我们应给他人留出地方，现在轮到他们出生，正如你出生时一样，他们出生后，也需要一个立足的地方，需要生活的必需品。如果前面的人都不让位，会发生什么？不要那么贪婪。难道你不知足？你真的想让这个世界更加拥挤？

[107]"你说得对；不过，我还是想跟我的妻子和孩子在一起。"

为什么？难道他们是你的财物？他们只属于将他们赐给你的神，那个同样创造了你的神。不要把不属于你的据为己有，不要反抗比你强大的神。

[108]"为什么神把我带到这个世间时要附带这些条件？"

如果你觉得这些条件不适合，你可以走。神不欢迎违背他意志的人。他想要的是渴望加入他的盛典唱歌跳舞的人，也就是，迟早会为他的庆典鼓掌欢呼的人。[109]至于那些郁郁寡欢的人，看见他们走，他也不会伤心。那些人即使得到邀请，好像也不是在参加节庆，找不到合适位置；相反，他们哀叹连声,诅咒命运,抱怨同伴。他们也不欣赏自己所有的东西,包括为了应对逆境而赐予他们的道德资源,比如大度的精神、高贵的心灵、不竭的勇气,以及我们现在探讨的自由。

[110]"既然如此,赐予我外物来干什么?"

使用。

"用多久?"

由神决定。

"要是没有外物我就不能活吗?"

只要不迷恋,它们就不会是必需品。不要告诉自己,它们必不可少。它们并非必不可少。

[111]这些就是你早晚应该反省的东西。你就从最没有价值、最易于失去的东西开始反省,比如一只罐子或一个杯子,继而反省你的衣服、宠物、家畜、财富,然后反省自我、身体、四肢、器官、子女、兄弟和妻子。[112]你好好看看周围这些东西,然后打心底里把它们扔掉。净化你的思想,以防迷恋或专注任何不属于你的东西。这样,即使这些东西被夺走,你也不会感到痛苦。[113]正如你每天在运动场锻炼,你不要说在学习哲学(大家承认这是一个自命不凡的理由),你应该说这是在把自

己从奴役中解放出来；因为这是你真正修炼的自由。

[114]这就是第欧根尼从安提斯泰尼那里得到的自由。第欧根尼说，他再也不会被人奴役了。[115]海盗抓住他后，你知道他是怎么做的？他叫海盗"主人"了吗？没有。我不是指称呼，我不在乎称呼，我关心的是称呼后的态度。[116]海盗没有给他好吃好喝，他大喊大叫了吗？没有。后来，他被再次转手，他期望要找的是一个主人吗？不是，他是在找一个奴隶。第欧根尼是如何对待新东家的呢？他一见到新东家就开始批评，说衣服不应该这样穿，头发不应该那样剪，还建议对方教育孩子的方法。[117]他这样做有何不可？要是这个新东家买了一个私人教练，他应该承认不如私人教练，就身体训练而言，私人教练不是他的奴隶，而是他的主人。如果他买了一个医生或建筑师，也是同样道理。在任何你想得到的领域，有经验的人应该指挥没有经验的人。[118]因此，谁有关于如何生活的知识，自然就要做主人。船上的主人，不是船长，难道还是别人？为什么？就因为谁不服他，谁就受罚！

[119]"可是，某某会用鞭子打我。"

难道他就逃得过惩罚吗?

"嗯,我想他也逃不过。"

既然他打人后,也逃不过惩罚,那他根本没权力打人;无论谁,做错了事情,都要受惩罚。

[120]"把自己奴隶锁起来的,你觉得这样的主人会受什么惩罚?"

他实际上也把自己锁起来了。假如你认同这个真理,人是文明的动物,不是野兽,你就会承认他在自作自受。[121]一株植物或一只动物,要是违背自然本性,一定生长得不好。[122]人也一样。那么,人的自然本性是咬人、踢人、关人、砍人吗?不是;人的自然本性是善良、互助和好意。所以,不管喜不喜欢,如果一个人是麻木的畜生,他一定过得不好。

[123]"你的意思是说,苏格拉底过得好?"

当然,过得不好的是起诉他和审判他的人。

"黑尔维狄乌斯在罗马也过得好?"

当然,过得不好的是杀他的人。

"你怎么这样认为?"

[124]你看,要是一只斗鸡,浑身挂彩,却斗赢了,你不会说它很不幸吧;相反,要是它毫毛

未损，却斗输了，你才会说它不幸。再如，一条猎犬，要是不去追猎，无所事事，你不会说它是"好狗"；你只有看见它追逐到气喘吁吁，才会连声夸赞。[125] 假如我们说，对任何事物而言，所谓恶，就是与其自然本性相违背的东西，这有什么奇怪的吗？别的一切你都可以这么说，为什么偏偏谈到人时就不可以这么说呢？

[126] 就算你说得对，可是，我们认为，就自然本性而言，人是温柔的、诚实的、互助的，这相当可笑，难道不是吗？不，这不可笑，[127] 这就是为什么一个人哪怕遭鞭打、关押或砍头，也不会有伤害。你看，他遭了罪，却表现高贵，最终成了一个更好、更幸运的人；而真正会受到伤害、受伤最多、最可怜的，是把自己降格成狼、蛇或马蜂的人。

[128] 好了，我们现在总结一下上述公认的要点：不受限制的人是自由的，也就是说，只要是他喜欢的东西，他就能够得到；相反，谁只要受到阻拦、威胁、挫折或强迫进入他不想要的状况，谁就是奴隶；[129] 一个人放弃了外物，就不会受到拘束，因为外物是不在他的能力之内的东西，不管他

想不想要，也不管条件是否许可；[130]外物不仅指物品，还包括我们的身体及其部分；如果你迷恋任何外物，好像它们是你自己的东西，你就会招致偷窃带来的惩罚。

[131]这就是通向自由之路，将我们从奴役中解脱出来的唯一道路；只有这样，你最终才能有意义地说：

引领我，宙斯，引领我，命运，
到指定我去的地方。

[132]可是，你怎么办？现在，如果僭主要传唤你去做伪证，你告诉我们：你去还是不去？

"让我仔细考虑一下。"

你现在要仔细考虑？那你过去在学校考虑了什么？你难道没有学习分辨哪些是善，哪些是恶，哪些不是善，也不是恶？

[133]"我学过。"

那你的结论是什么？

"正义和公平是善，邪恶和不义是恶。"

生命是善吗？

"不是。"

死亡是恶吗?

"不是。"

囚禁是恶吗?

"不是。"

中伤、撒谎、背叛朋友、谄媚僭主,你怎么看待它们?

[134]"都是恶。"

哦,显然,你现在没有仔细考虑,你过去也从来没有仔细考虑。我的意思是,究竟需要多少考虑,你才能决定,是否应该施展能力,得到最大的善,避免最大的恶?无疑,这是一个适合考虑的话题,需要仔细思考。你开谁玩笑?根本没那样的追问。[135]如果你真正相信,只有恶是不好的,别的都无所谓,那么,你永远不会需要时间去"考虑一下",完全没必要。你能够立刻做出决定,运用你的理性,就像你随时都可睁眼看东西一样。[136]我的意思是,你什么时候要"考虑一下",黑的东西是不是白的,轻的东西是不是重的?不用,感官就给出了明证。所以,为什么你现在要说,你必须"考虑一下",无所谓的东西是不是比邪恶还需要回避?

[137]事实是,这不是你真正相信的东西:你不会认为死亡和囚禁等无所谓,你认为它们是最大的恶;你不会认为做伪证等是恶,你只认为它们无所谓。

[138]你从一开始就养成了这样的习惯。"我在哪里?在学校。我在跟谁说话?我在跟哲人说话。现在,我离开了学校,这些迂腐幼稚的学说,见鬼去吧。"因此,一个学哲学的就去诽谤一个朋友;[139]另一个学哲学的变成了告密者,出卖了他的原则;还有一个学过哲学的元老背叛了他的信念,他内心的真正想法叫着要让人听到,[140]那不是一种黯淡的、怯懦的想法,建立在随意的推理之上,好似悬挂于一线,而是一种强劲有力的信念,根植于实际的经验。

[141]当你听到以下消息,仔细观察一下你的反应。我不会用你的孩子死了为例,因为你可能受不了。我只是假设,你的油瓶摔了,或者有人把你的酒喝完了。[142]假如有人发现你悲痛欲绝,他完全可能说:"你还学哲学,你在学校可是唱不同的调。不要想骗我们了,不要假装是一个人,你不过是一条虫子。"[143]我宁愿遇到一个偷情的,只是想看看他怎么使劲,弄出什么声响,是否记得自己

是谁,是否想起自己听过的、说过的、读过的情感。

[144] 可是,这些与自由有什么联系? 正好相反,只有这些才与自由有关系,不管你这样的富人相不相信。

[145] "你有什么证据?"

除了你自己,还有别的人吗? 皇帝就是你的伟大主人,你对他卑躬屈膝,毕恭毕敬,你的日子好坏,全决定于他的一举一动。他对你眼一斜,你就吓得晕倒。你给宫廷里的男女老幼献殷勤,还说"我不可能这么做,这么做是不允许的"。[146] 为什么你不能? 你不是刚刚还在和我争,说是自由的吗? "可是皇帝不让我自由。"你还是说实话吧,奴才,你不会离开你的主人,不会拒绝承认他们,不敢乞求别人释放你,因为你有许多明证,证明你是奴隶。

[147] 我的意思是,假如一个人由于爱情,行事时被迫违背自己的良好判断,他知道什么是正确的,却无力行动,那么,我们可以认为他更加值得同情,因为他受制于一种类似超自然的暴力。[148] 可是,你去谄媚宫廷里的男女,给他们擦鼻子、洗脸,给他们送礼,他们病了,你像个奴隶一样一边鞍前

马后,一边暗暗祈祷他们去死,缠着医生追问他们能活多久,你还指望得到同情?或者,要是你去亲吻其他奴隶的手,把自己当成奴隶的奴隶,就为了令人羡慕的名位,你还能指望得到同情?

[149]所以,不要因为你是执政官或护民官,就在我面前炫耀,我知道你的官位是怎么来的、谁送给你的。[150]老实说,我宁愿死,也不要靠费利西奥过日子,忍受他的颐指气使,忍受他那种典型奴才的傲慢。我知道一个自以为重要、有些声名的奴才是个什么样。

[151]"那你是自由的吗?"

以神的名义,我希望我是自由的,我祈祷我是自由的;但我还是不能正视我的那些主人,我仍然看重我可怜的身体,我仍然珍视健康,尽管它根本不健康。[152]不过,我可以给你举一个自由人,满足你对典范的渴望。第欧根尼就是自由的。为什么?不是因为他的父母是自由人,他们其实不是,而是因为他自己是自由人。他消除了所有能抓住他的把柄,不留任何为了使他为奴而攻击或抓住他的漏洞。[153]他拥有的一切都可以放手,都只是在他手中暂时逗留。要是你抓住了他的任何财富,他宁愿立马放手，也不愿被你拖着走。要是你抓住了他的脚，他宁愿放弃自己的脚。要是你抓住了他整个身子，他宁愿放弃自己整个身子。要是你抓住了他的家人、朋友和国家，他都宁愿放弃。他知道这一切来自哪里，是谁所赐予，给了什么条件。

[154] 但是，他绝对不会放弃他真正意义上的父母，神；他绝对不会放弃他真正意义上的国家，大同世界。在服侍神的热情方面，他不输任何人；如果要为他真正意义上的国家舍命，他绝不落人后。[155] 他不在乎自己尘世中的行动表象；他铭记于心的是一切在大同世界都有根源，一切都是神的安排。所以，我们看看第欧根尼怎么说的、怎么写的：[156] "这就是为什么，第欧根尼，无论见到斯巴达国王还是波斯君主，你都是想说什么就说什么。" [157] 难道是因为他的父母是自由人吗？肯定不是。不过，我认为，雅典、斯巴达和科林斯的公民，不能在那些君王面前畅所欲言，只有畏惧奉承，是因为他们的父母都是奴隶。[158] 那为什么第欧根尼不一样呢？"因为我从来没有认为身体是自己的，因为我什么都不缺，因为我只尊重法律，仅此而已。" 正是这种想法，才使他得以自由。

[159]不过,你别以为我举的自由人的例子没有拖累,没有妻子、孩子、朋友和亲戚,没有公民义务,没有使一个人屈服妥协的因素。看看苏格拉底,他有妻子和孩子,但他好像觉得是借来的;他有要为之效劳的城邦;他有亲戚和朋友;但所有这些都是听从法律的安排,服从法律的需要。

[160]因此,当他被征召服役时,他第一个离开家园,一旦到了前线,总是舍生忘死地战斗。接到僭主要他去抓反对派首领的命令,他断然拒绝,因为他认为这是非法的。他知道抗令的后果可能是丧命。[161]可他毫不在意,他想救的不是自己,而是那个正直高尚的人。这些东西不容妥协和商量。

[162]后来,他不得不大胆申辩的时候,他没有表现得像是有妻子和孩子,倒像孑然一身。喝毒药时候,他是怎样表现的呢?[163]他本来可以自救,克力同劝他为孩子着想,选择流亡,他把这个机会看成是可以继续苟活的幸运借口吗?没有。他想的是要做的正确事情,没有想过别的。用他的话说,他不想挽救自己的躯体,他只想保留跟随正义蓬勃生长、跟随不义不断消亡的东西。[164]苏格拉底不会为了逃命而牺牲光荣。正是这样的苏格拉

底，拒绝了雅典人为不合法的动议做表决的倡议，挑战了僭主，对什么是美德和品行，留下了难以磨灭的言论。这样一个人，用卑劣的手段是不能拯救的，[165]他的拯救之道，是光荣赴死，而非匆忙逃命。好的演员得以保持名望，不是轮到他时就能说出台词，而是知道什么时候开口，什么时候保持沉默。

[166]那么，他的孩子该怎么办呢？"我去了色萨利，你会照顾他们。我去了地府，难道就没有人照顾？"你看，他多瞧不起死亡，还和死亡开玩笑。[167]如果换了你我，一定会诅咒"冤枉我的人啊，早晚要遭报应"，定然还要再加一句，"要是放我一命，我定会报答许多人，可是死了的话，对任何人都再没好处"。假如有个老鼠洞，我们一定会钻进去逃命。[168]可是，逃命之后呢，我们又如何报答，既然我们的朋友仍在雅典？假如我们活着的时候对他人有帮助，那在合适的时间以合适的方式接受死亡，对他人不是更有好处吗？[169]甚至现在，苏格拉底已死去很久，我们还记得他做过的事、说过的话。这份记忆让人类像以前一样受益，甚至比以前更受益。

［170］假如你想要自由，假如你想要获得真正重要的东西，你就研究一下这些道理和观念，思考一下这些行为的典范。［171］如此伟大的目标，要你做出巨大的牺牲，这有什么奇怪的呢。为了爱他们所谓的自由，有人上吊，有人跳崖，有人不惜灭城。［172］为了真正不可侵犯的自由，你要听神的话，如果他要求收回先前赐予你的东西。正如柏拉图说，不仅是做好死亡的准备，还要做好被折磨、流放、鞭笞的准备，做好失去一切不属于你的东西的准备。［173］否则，你会是一个奴隶中的奴隶；即使你是王公贵族，也还是奴隶。

你会意识到，正如克里安西斯常说，哲人说的话可能违背你的期待，但不违背理性。［174］因为你从经验感知这是对的：人们非常喜欢的东西、辛苦追求的东西一旦到手，往往证明对他们无用。然而，对于还没有到手的人来说，他们开始想象，要是他们得到了，一切好东西都会是他们的。假如真的得到了，他们的欲望没有变，焦虑没有变，厌恶没有变，仍然渴望匮乏的东西。［175］自由的获得，不是靠满足欲望，而是靠消除欲望。［176］我向你保证，要实现这些新抱负，跟你以前追求那些虚幻的目标一样,要费同样多的心血:为了获得心灵的自由,夜以继日地努力吧。[177] 不要去找上了年纪的富人,要找哲人为伴,你若想改变,就得经常去登哲人的门。跟哲人交游没有什么丢人的,只要你诚恳登门,离开的时候绝不会两手空空。要不,试一试;好好试一试又不丢人。

14 论与人交往

[1]在与旧友或老熟人交往时,你应该特别小心,不要落到和他们一般的见识,否则你会迷失自我。[2]如果你这样想,"他们会认为我现在无趣,不会像从前一样待我了",那么,你要记住,无论什么,都是有代价的。你的行为改变了,你就不可能再是从前的你。

[3]因此,你要做出选择:要么回到从前的你,得到你旧友的喜爱,要么保留更好的新我,放弃他们对你的感情。[4]如果你选择后者,从此开始,你就要坚持下去。不要有其他顾虑,因为动摇的人不会进步。如果你决心要进步,为此做好了努力的准备,那么就放弃别的一切。[5]否则,假如三心

二意，摇摆不定，你必定不会进步，也不会重新体验昔日的快乐。

［6］从前，你只追求没有价值的东西，所以你的朋友发现和你相处愉快。［7］但你不能左右逢源，两头成功。你在一头有多少收获，在另一头就有多少损失。如果你不像过去那样和他们出去喝酒，他们就不会觉得你像过去那样可爱。因此，你要做出选择，想和他们为伍，做一个受欢迎的酒鬼，还是做一个清醒的人，哪怕不受他们喜欢。如果你不再经常与旧友痛饮和狂欢，就不要指望他们待你如昔。

你还有一个选择：［8］假如你看重尊严，不想被旧友称为"玩伴"，那就忘记其他顾虑，放弃他们，离开他们，不要再和他们交往。［9］假如你不喜欢这样做，那就一门心思去吧，跟这群声名狼藉的人混在一起，自甘堕落，放纵冲动和欲望，他们做什么，你就做什么，在聚会中上蹿下跳，大呼小叫，反正现在也没有什么能够阻止你。

［10］不过，不同的角色是不可混在一起的。你不能分饰两角，既做特尔西忒斯，又做阿伽门农。假如你要做特尔西忒斯，你就应该是秃头，是残废。

假如你要做阿伽门农,你就应该高大英俊,是一个真正爱部下的统帅。

15 致想要生活平静安详的人

[1]切记,让一个人对他者谦卑和敬畏的,不仅是对权力和金钱的渴望,还有对其他东西的渴望,如渴望安宁的生活,渴望游历和学问。这是一条普遍规律,无论什么外物,只要得到看重,我们就会受到制约。[2]不管我们是否希望做元老院的议员,是否想谋求官职,是否说"很遗憾,我无法做任何事,我像一根棍子和书本绑在一起",还是说"真遗憾,我根本没有时间读书",都没有区别。[3]书籍、官职和美名一样都是外物。[4]为什么你想读书?为了乐趣还是学问?这些都是愚蠢的可怜借口。读书的目的应该是获得宁静;如果不能使你宁静,那读书何益?

[5]"读书的确让人宁静,正是如此,我才为没办法读书而遗憾。"

能轻易打破你的宁静的,往往不是皇帝或皇帝的友人,而是一只乌鸦、一个街头乐手、一场感冒或无数的烦恼。既然如此,那算什么宁静?真正的宁静,其特征是稳定、沉着。

[6]比如,现在有人来叫我去做其他事。我答应了,但打定主意要守一定的规矩;要适可而止,要有自信,不要渴望或排斥外物。[7]同时,我观察他人的言行,当然不是带着恶意判断或嘲笑他人,而是为了更好地评估我是否该做同样的事。"我怎么才能不犯同样的错误?""我以前犯过,感谢神,我再也不会犯了……"

[8]假如你这么做了,而且一直关注这个目标,难道还不值得与读了或写了五十页一样?毕竟,你吃饭时,你不会想找书来看怎么吃,你就按照书上学到的方式吃饭就行了;洗澡或锻炼时的道理是一样的。[9]在其他方面也是如此,不管你是遇到皇帝,还是碰到路人。如果你保持冷静、稳重、有尊严,[10]如果你在旁观而非被人旁观,如果你不羡慕成功人士,不让外物分心,如果你做到了这一切,

你还需要什么?［11］书吗? 不错,可为什么还要读书? 读书的目的是什么?

"读书难道不是为生活做准备吗?"

可是,生活不是由书而是由其他东西构成的。这就好比一个运动员,进了场,却抱怨在场地外没有练习。［12］比赛是你练习的目的,你保持体重的目的,你跑圈儿和找陪练的目的。现在是比赛时刻,难道你才想起练习?［13］这也如同在讨论是否"同意"时,面对各种表象,没有辨别哪些有说服力,哪些没有说服力,却去读一本叫《论表象》的书。

［14］那么,这种行为背后是什么原因呢? 这是因为,在读书写作的时候,我们的目的从来不是合乎自然地运用我们在现实生活中遇到的表象。相反,我们学到人家在这个题目上是怎么写的,能够对他人解释清楚,也就足够了;如果我们能够分析一个观点或提出一个假说,也就足够了。

［15］因此,假如你要发挥,必然遇到挫折。你渴望不在你控制之内的东西,好吧,就要做好遭到拒绝和挫折的准备,结果两手空空。［16］可是,假如我们读《论冲动》,不只是出于闲时的好奇,而且为了正确控制冲动;假如我们读《论欲望》和《论

反感》，是为了不会得不到我们想要的东西，不会落入自己想要避免的东西；假如我们读《论道德义务》，是为了能够遵守我们与他者的关系，不会做出与道德义务相冲突的事情；[17]那么，我们就不会对我们所读的感到沮丧和不耐烦。相反，我们应该满意地按照书上的指引行动。我们不应该像以前一样算计，[18]"今天，我读了多少行，写了多少行。"我们应该这样回顾每一天，"我按照哲人的教导控制了多少欲望，我是如何控制欲望的，我是如何只对在我控制之内的东西表达反感的；我没有被甲搞得惶恐不安，没有被乙弄得勃然大怒；我锻炼了耐心、克制和合作的品质。"我们应该这样感谢神，是神给了我们真正应该感激的东西。

[19]可是现在，我们还没有意识到，我们与大多数人并无什么差别，唯一的区别是，他们担心当不了官，而你却担心当上官。别担心，朋友；[20]如果你嘲笑别人担心当不上官，我看你也应该嘲笑自己。患有恐水症的人怕水，与发了高烧想把大海喝干的人，本质上并没有区别。[21]如果你听命于环境，你怎么还能像苏格拉底一样说，"既然神喜欢，那就这样吧"？

假如苏格拉底渴望每天留在学园和年轻人谈话,你认为他还会随时做好准备参与那么多次远征吗?不,他会牢骚不已。"真不幸,我在这个鬼地方,什么时候我才能回去晒太阳啊?"晒太阳?这就是你的任务?[22]你的任务难道不应该是时刻保持幸福、安详和平静吗?假如他这样牢骚不已,他还能是苏格拉底?他还能是在狱中写赞美诗的那同一个人?

[23]一句话,你要记住:我们越珍惜不在我们控制之中的东西,我们越不会控制。无论是当官还是不当官,悠然自得还是忙忙碌碌,这些都是外在于我们控制的东西。

[24]"难道我就必须和他人一起过一生?"

他人?你是指人群?人群有什么错?想想你在节庆期间,在奥林匹克竞技场上,你会同样发现有人在叫喊,有人在做事,大家挤来挤去。公共澡堂也是人多嘈杂。我们哪一个不享受派对,离开的时候深表遗憾?[25]不要动不动就对琐事发火。"我不喜欢醋,太酸。我不喜欢蜜糖,坏牙;我不喜欢蔬菜。"

[26]同样,有人说:"我不喜欢闲暇,那很无聊;我不喜欢人多,他们讨厌。"但是,如果实际的

情况要求你必须独居，或者只和几个人一起，那么，你就应该把这看成是宁静，要安之若素一段时间。你要跟自己聊聊天，锤炼你的思想和认知。假如你碰巧在一群人中，那么，你就把这当作运动会、节庆或庆典，[27]跟大家一起过节。对于一个热爱人类的人来说，还有什么比看见一大群人更开心的呢？看到一群牛马，我们会开心；看见一队船，我们会开心；那为什么看到一群人就不开心呢？

[28]"他们吵得我耳朵都聋了。"

那是你的听力受到影响；与你有什么关系？这会影响你运用表象的能力吗？谁能妨碍你按照自然的本性表达欲望和反感，做出选择和拒绝？再大的人群也做不到。

[29]你一定要记住这些核心问题："什么是我的，什么不是我的？神赐给我了什么？上神想要我做什么，不想要我做什么？"[30]不久前，神的愿望是想要你抽出时间，与自我交流，读读书，写写字，上上课，做好一切准备，因为你有时间。现在，神又对你说："该接受考验了。向我们展示一下，你学到了什么，学得怎么样。你一个人是怎样安排训练的？我们想看看你是冠军的料，还是常败之将。

[31]不要抗议,只要是公共比赛,就会有闹声。看台上一定会有教练、陪练、裁判和观众。"

[32]"可我希望过平静的生活。"

既然如此,你就自怨自艾,痛哭流涕去吧,活该。悲伤、抱怨、不满,总之一句话,不开心,命不好,对于你这样不听神意的人来说,还有更大的惩罚吗?难道你就不想摆脱这一切吗?

[33]"怎么摆脱呀?"

你应该经常听说,你需要完全丢掉欲望。只对你能控制的东西表示喜恶。你应该放弃一切外物:身体、财富、声望、书籍、掌声、官职。只要你喜欢上其中一样东西,你就立刻成了奴隶,受制于它,难免会失望。[34]时刻牢记克里安西斯的话:

引领我,宙斯;引领我,命运。

我必须去罗马吗?好,我就去罗马。我必须去吉亚罗吗?好,我就去吉亚罗。我必须去雅典吗?好,我就去雅典。我必须坐牢吗?好,我就去坐牢。[35]但是,如果你想:"我们什么时候才能去雅典呀?"那么,你就算迷途了。因为你的愿望要是没有实现,一定会抑郁;要是成真了,你一定会傻乐。

下一次，如果没有那么幸运，没有随心所欲，你又会心神不宁。[36]所以，把这一切都放下吧。

"可是，雅典挺美好。"

如果你能够生活幸福，没有烦扰，心平气和，无求于人，岂不更美好。

"罗马有许多人在一起，会相互吹捧。"

[37]可要是你能忍受那些不便，你得到的奖赏将是心灵的平静。因此，如果这是他们的时代，何不克制你的反感？为什么要像一头被棍子抽打的骡子一样承受重负？[38]否则，你看，你就只有永远做人家的奴隶，只要人家有拿捏你的权力，只要人家有挡道的能力，你就必须永远服侍人家，就像服侍一个恶神。

[39]无论是早上、白天还是夜里，都需切记，通向平静幸福的道路只有一条，放弃外物。不要认为任何东西是你的，把一切交给命运和神灵。神指派了谁来掌管某事，就把那件事交给谁掌管。[40]你只需专注于真正属于你的事，没有人能够阻挡你。你读书、写字和听讲，都要以此为核心。

[41]假如我只知道一个人喜欢读书、写作，我不会就此说他"勤奋"。即便再加上"整夜"，我也不会说，除非我知道他花这么多精力的核心是什么。